Michael Stahl

Himmlisches Herzflüstern

Michael Stahl

Himmlisches Herzflüstern

Wenn Gott leise zu und durch uns spricht

GloryWorld-Medien

2. Auflage 2021

© 2020 Michael Stahl

© 2020 GloryWorld-Medien, Xanten, Germany

Alle Rechte vorbehalten

Bibelzitate sind, falls nicht anders gekennzeichnet, der Elberfelder Bibel, Revidierte Fassung (Rev. 26) von 2008 entnommen.

Weitere Bibelübersetzungen:
HFA: Hoffnung für alle, Basel und Gießen, 1983
LUT: Lutherbibel, Revidierte Fassung von 1984
MNG: Menge Bibel
NLB: „Neues Leben. Die Bibelübersetzung", Holzgerlingen, 2002
NeÜ: Neue evangelistische Übersetzung © 2013 Karl-Heinz Vanheiden
ZÜR: Zürcher Bibel (Ausgabe 2007).

Das Buch folgt den Regeln der Deutschen Rechtschreibreform. Die Bibelzitate wurden diesen Rechtschreibregeln angepasst.

Lektorat: Klaudia Wagner
Satz: Manfred Mayer
Umschlaggestaltung: Rainer Zilly, www.kreativ-agentur-zilly.de
Umschlagmotiv: Smileus/istockphoto.com
Druck: CPI books GmbH, Leck

Printed in Germany

ISBN: 978-3-95578-385-3

Bestellnummer: 356385

Erhältlich beim Verlag:

GloryWorld-Medien
Beit-Sahour-Str. 4
D-46509 Xanten
Tel.: 02801-9854003
Fax: 02801-9854004
info@gloryworld.de
www.gloryworld.de

oder in jeder Buchhandlung

Inhalt

Vorwort

Schon seit Kindheitstagen verfolgt mich die Furcht vor Hunden. Es liegt wohl daran, dass ich als Kind gebissen wurde und sogar einmal mit ansehen musste, wie ein Hund meine Mama anfiel. Irgendwie brannten sich diese Ereignisse damals tief in mein Köpfchen und mein kleines Herzchen ein. Seither traue ich vielen Hunden nicht, wobei mir völlig klar ist, dass ich den meisten von ihnen damit Unrecht tue. So zieht wohl ein Unrecht viele weitere nach sich.

Während ich diese Zeilen tippe, befinden wir uns in Deutschland im zweiten Corona-Lockdown. Meine Sportschule musste ich schließen und darf weder Kurse noch Vorträge geben, und deshalb nutze ich diese Zeit, um wieder einmal meine Gedanken und mein Herz zu teilen.

Ich gehe viel spazieren und darf dabei so manche kostbare Begegnung erleben. So auch vor gar nicht langer Zeit, als plötzlich ein großer Hund auf mich zu rannte und mit großem Gebell an mir hochsprang. Sofort tauchte diese uralte Angst wieder auf. Ratschläge wie: „Zeige keine Angst!" oder: „Mache keine hektischen Bewegungen!" halfen mir in diesem Moment gar nichts. Doch meine Rettung war nahe. Mitten in dem Gebell und meiner Furcht vernahm ich eine ältere Frauenstimme, die den Hund entschieden beim Namen rief und mir dann mit beruhigenden Worten fast zuflüsterte: „Keine Angst, er bellt nur so laut, wenn er gestreichelt werden will."

Es waren stets die geflüsterten Worte, die mich berührten, die mehr als alles Gebrüll an mein Herz drangen. Dabei ist mir allerdings mittlerweile klar, dass all das Schreien oft nur ein Schrei nach Liebe ist. Jetzt, im Nachhinein, verstehe ich meinen Papa, warum er so oft schrie, und ich verstehe einige Menschen viel besser.

Jedes Flüstern kommt stets aus dem Herzen. Vielleicht kommt es darauf an, mit was unser Herz gefüllt ist. Es gibt auch ein böses Flüstern, hinter unserem Rücken, das furchtbar verletzend ist und ein Ausdruck dessen, womit dieses Herz gefüllt ist. Mögen wir mit dieser Erkenntnis unsere eigenen Worte prüfen und damit ein Stück unseres eigenen Herzens. Jesus sagte einmal dazu: „*... wovon sein Herz voll ist, davon redet sein Mund*" (Lk 6,45 MNG); und „*Was aber aus dem Mund herausgeht, kommt aus dem Herzen hervor*" (Mt 15,18).

Oft wird auch das Eingeständnis von Schuld, die Bitte um Vergebung oder Schamhaftes geflüstert. Das kann der Beginn einer Versöhnung mit sich selbst und anderen bedeuten und somit zur inneren Heilung beitragen. Also hören wir doch etwas genauer hin, wenn geflüstert oder gar geschrien wird.

In schönen Momenten nannten mein Papa, mein Onkel Heinz und ein paar andere Menschen, die meinem Herzen nahestanden, mich liebevoll „Miggi". Dieser Name wurde nie geschrien. Ich verbinde ihn daher mit Geborgenheit, Frieden, ja sogar mit einem Stück Himmel.

Gemeinsam mit ein paar Freunden will ich einige geflüsterte Worte, die wir selbst gehört oder gesprochen haben, mit euch und der Welt teilen. Denn diese Worte kamen tief aus den Herzen derer, denen wir in Krisen, in Gefängnissen oder gar am Sterbebett begegneten, oder es waren Worte, die wir anderen zuflüsterten. Mögen diese Worte mit ihrer Sehnsucht und Liebe viele Herzen berühren. Oft waren es Sätze, wie: „Ich kann nicht mehr!", „Mir ist so schwer ...", „Ich gehe nach Hause", „Es tut mir leid!", oder einfach nur ein schlichtes „Danke!", „Verzeih mir!" oder „Ich liebe dich!" ...

Schön, dass du bereit bist, dieses Flüstern zu hören. Lass dich nicht ablenken. Möge dein Herz mit mehr Liebe gefüllt werden. Und flüstere der Welt um dich herum diese Liebe reichlich zu.

Herzlichst
„Miggi"

Kapitel 1

Gottes Flüstern

Was ich euch im Dunkeln sage, das gebt am helllichten Tag weiter! Was ich euch ins Ohr flüstere, das ruft von den Dächern (Mt 10,27 HFA).

Vielleicht fragen sich einige: „Wen meint der denn, wenn er von Gott spricht? Da gibt es ja so viele ...“ Mein Onkel Heinz sagte mir bis wenige Tage vor seinem Tod mit 82 Jahren, es sei letztendlich egal, an was man glaube, und dass alle irgendwie halt doch nur einen Gott hätten oder auf irgendeine Weise an dasselbe glauben. Doch im Angesicht des bevorstehenden Todes, der Lebenssinnfrage, der Suche nach Erlösung und der Sehnsucht nach Versöhnung, in Kombination mit dem Wunsch, nach Hause zu gehen, erkannte er für sich, dass es nur *einen* Gott gibt.

Dabei muss ich an „Highlander“ denken, einen meiner Lieblingsfilme. In dem gab es einen prägnanten Satz: „Es kann nur einen geben!“ Ist diese Behauptung zu gewagt oder gar arrogant? Nun, alles, was mit persönlichen Beziehungen zu tun hat, ist stets exklusiv. In einem alten Schlager heißt es: „Aber dich gibt's nur einmal für mich!“ Wie konnten die jeweiligen männlichen Interpreten so etwas behaupten? Wo es doch unzählige andere Frauen gab bzw. gibt? Weiter heißt es in diesem Lied: „Schon der Gedanke, dass ich dich einmal verlieren könnt ... der macht mich traurig ...“

Ist diese Einzigartigkeit anmaßend oder arrogant? Ist eine solche Denkweise zu eng oder intolerant? Nein, ich denke, sie ist in der Liebe völlig normal. Es geht ja um ein Gegenüber, um eine persönliche und konkrete Beziehung. „Gott ist Liebe“ steht auf dem Grabstein meines Papas.

Ein Kernpunkt der wirklichen Liebe ist der freie Wille; sie nimmt es in Kauf, abgelehnt zu werden. Das ist ja das Wunderbare an der Liebe, dass sie keinen Druck macht und bedingungslos ist.

Es geht also um eine Person. Wäre ich ein Poet, könnte ich wohl viel besser erklären, was gerade mein Herz erfüllt. Ich werde es versuchen.

Liebe hat den Wunsch nach Nähe, nach inniger Beziehung. Deshalb ist die Sexualität die höchste und intimste Form von Nähe, die wir Menschen miteinander erLEBEN können. Der Gott, den ich meine, sehnt sich sogar nach einer noch tieferen Form von Nähe: Er möchte in deinem und meinem Herzen wohnen. Näher geht es nicht!

Wie heißt es in diesen schlichten Worten, die wir als Kinder öfters beteten:

Ich bin klein, mein Herz mach rein,
soll niemand drin wohnen als Jesus allein!

Liebe, ein Gegenüber und Nähe – nach all diesem sehnt sich jedes Menschenherz, da bin ich mir sicher. Was oder wer kann uns Trost und Halt spenden? Sicher nur jemand, der uns nahe ist. Somit würde z. B. der Atheismus nichts zur Erfüllung dieser Sehnsucht beitragen.

Vor Kurzem las ich einen Artikel der Österreicherin Lisa Eckhart:

Ich habe mir vom Atheismus sehr viel erhofft: Lebensfreude, Humor, Orgien. Letztlich aber ist man dann in dieser oft zitierten metaphysischen Obdachlosigkeit gelandet. Und jetzt ist die säkularisierte Welt fast noch lust- und lebensfeindlicher als die, gegen die man angehen wollte. Weswegen ich ganz bei Nietzsche bin, der sinngemäß sagt: „Gott ist tot. Wir haben ihn getötet, aber war diese Tat nicht etwas zu groß für uns?"

Sie nennt den Atheismus eine metaphysische Obdachlosigkeit. Vielleicht tragen wir deshalb so stark diese Sehnsucht nach Heimat und Ewigkeit in uns, um von dieser Obdachlosigkeit erlöst zu werden. Wer anders könnte das tun, als der Erlöser selbst?

Selbst der so leidgeprüfte Hiob bekannte:

Ich weiß, dass mein Erlöser lebt (Hiob 19,25 LUT).

Unzählige Menschen begegneten mir, die mir in ihren Lebenskrisen einen Einblick in ihre Herzen gewährten. Oft fragte ich sie nach dem, worauf sie ihre Hoffnung setzen. Viele ließen dabei sehr tief blicken: auf das Universum, auf die universelle Energie, Horoskope usw. Alle diese Dinge haben eines gemeinsam: kein Du als Gegenüber; keinen Ansprechpartner; Beziehung nicht möglich. Wie sagte doch einst ein Traumtherapeut aus den Staaten: „Ich bin mir sicher, dass jeder Mensch mit einer Frage geboren wird, und diese Frage lautet – Wo bist du?"

Gottes Name ist nicht nur die Antwort darauf, sondern sogar die Stillung aller menschlichen Sehnsucht: „JAHWE – ICH BIN *für dich da.*" Ich habe diesen Namen und seine Bedeutung schon in vielen Büchern und Vorträgen thematisiert. Er begeistert mich immer wieder und berührt zugleich mein Herz.

Und was ist nun mit den unzähligen Göttern, welche die Menschen anbeten? Für mich selbst kann ich sagen, dass alle meine Anstrengungen nie und nimmer ausreichen würden, den Himmel zu erreichen – Gott gerecht zu werden und ihm nahe zu sein. Für mich müsste es also einen Gott geben, der alle meine Abgründe kennt und mir trotzdem aus Liebe entgegenkommt – ja, entgegenrennt. Es müsste einer sein, der mir bedingungslose Liebe, Vergebung und Versöhnung einfach nur schenken möchte. Und wenn es so etwas wie Konsequenzen für Schuld und Fehler gibt, dann müsste es auch noch ein Gott sein, der diese Strafe gleich selbst auf sich nimmt, der alles für mich trägt und alles erduldet, mich aus meinem Gefängnis befreit, nicht nachtragend ist und die Ewigkeit mit mir verbringen möchte – ein anderer Gott würde an mir scheitern, oder ich an ihm. Ja, tatsächlich: Einen solchen Gott gibt es!

Ich bin ein verletzter Mensch, der oft andere verletzt hat. Oft neige ich zu Selbstmitleid und zum Jammern. Zweifel und Unsicherheiten sind leider meine treuen Wegfährten. Meine Minderwertigkeitsgefühle werden zwar weniger, sind aber immer noch da. Und so manche Angst klebt an mir wie eine Klette. Manchmal sehe ich mich als ein Bündel von all diesen Unzulänglichkeiten, das sich nur nach Liebe sehnt.

Diese Liebe habe ich persönlich in Gott gefunden, meinem himmlischen Papa, der einen Sohn hat (meinen Bruder) und dessen

Geist mir zum Trost und zur Inspiration geworden ist. Ich kenne sonst keinen Gott, der Mensch werden wollte und sich zu seinen Geschöpfen herabbegab ...

Was für ein Gott, der Mensch wurde und doch Gott war! Der Knechtsgestalt annahm und in einem Stall in kalter, dunkler Nacht zur Welt kam – der so zart wie ein Hauch von Liebe in diese Welt geboren wurde, nicht aufdringlich, nicht fordernd, nicht manipulierend. Im verzaubernden Lächeln und in der Anmut eines Babys wird Gott Mensch. Er machte sich auf, um sich mit uns zu versöhnen, um uns auf Augenhöhe zu begegnen und uns zu beschenken. Er hinterließ eine Spur unendlicher Liebe und brachte den Himmel direkt in unsere Herzen. Hoffnungslose bekommen Hoffnung. Trauernde Trost, Blinde das Augenlicht, Taube hören wieder, Gefangene werden frei, Lahme können gehen, Aussätzige werden rein und Tote stehen zum Leben auf ... Er selbst war gehorsam bis in den Tod. Nie hat Gott deutlicher zu uns gesprochen als durch seinen Sohn.

Jesus ist Gottes Flüstern für diese Welt, für dich und für mich.

Doch der Lärm dieser Welt sorgt für reichlich Ablenkung. Deshalb suche ich gerne die Stille, die Einsamkeit. Vielleicht auch deshalb, weil es eines meiner Lebensmuster war (und ist). Wenn die Welt mich verletzte, so flüchtete ich vor ihr. In der Einsamkeit konnte mir niemand weh tun.

Ganz zu Beginn steht in der Bibel, dass es nicht gut ist, wenn der Mensch alleine ist. Mir ist bewusst, dass dies für viele Bereiche gilt. Und doch fühle ich, dass, wenn ich mit Jesus spazieren gehe, dies ein unbeschreibliches Geschenk für mich ist. Vielleicht kann sich das mancher nicht vorstellen. Doch während der Pandemie sind viele Menschen noch einsamer geworden und leider sogar einsam gestorben, und ich bin mir absolut sicher, dass in diesen Momenten niemand seine Horoskope oder das Universum um Rat fragte, sondern dass so manches Schreien und Flüstern allein Gott galt.

So möchte auch ich ihm einfach nur alles mitteilen, was mir auf der Seele brennt, egal wo ich bin. Zwar weiß er bereits alles, aber ein liebender Papa hört seinen Kindern gerne zu, weil er auch weiß, wie gut es dem Kind selbst tut.

Und sehr oft bin ich auch einfach nur Kilometer um Kilometer still, ich will ja auch hören was *er* mir zuflüstern möchte …

Gott flüstert durch die Natur, durch die Bibel, durch andere Menschen, durch die Kunst, durch ein Lied, durch Liebe, die uns im Kleinen oder Großen begegnet, durch Dankbarkeit.

Ja, durch Dankbarkeit! Sehr oft schon haben mir Menschen beteuert, dass sie dankbar sind. Auf die Frage, wem gegenüber sie dankbar sind, erntete ich allerdings oft Schweigen …

Übrigens, wenn Menschen miteinander flüstern, kommen sie sich stets ganz nahe. Vielleicht war das auch mit ein Grund, warum auf der sinkenden Titanic „Näher mein Gott" gespielt und gesungen wurde, um ganz nah sein Flüstern von Hoffnung, Trost, Leben und Liebe zu vernehmen.

Gott nahe zu sein ist unser Glück! (vgl. Ps 1).

Ich bin mir sicher, dass in aller Hektik, in jedem Lärm und den schier unendlichen Ablenkungen Gott zu uns flüstert. Es ist das sehnsüchtige Flüstern eines Papas, der Sehnsucht nach seinen Kindern, nach uns, nach dir und nach mir hat.

So gehe ich immer wieder besonders gerne in die Natur und mit meinem Gott spazieren. Bei einem dieser Spaziergänge bekam ich den Impuls, dieses Buch zu schreiben. Dieses Flüstern erreicht nun viele und jetzt, in diesem Augenblick, auch dich. Lass dich von nichts und niemandem ablenken und höre mit den Ohren deines Herzens, ob Gott dir etwas zuflüstern möchte …

Kapitel 2

Omas Flüstern

Sie war die beste Oma, die ich mir nur wünschen konnte – meine Oma „Lisa", die eigentlich Elisabetha hieß. Sie war die Mama meines Vaters. Papa hatte mit ihr einen Glücksgriff getan. Sein eigener Vater, also mein Opa, war allerdings im Krieg und in Gefangenschaft gewesen. Über Gefühle wurde zwischen den Männern so gut wie nie gesprochen, und zeigen konnte man sie kaum. Oma war ganz anders. Oh, wie vermisse ich sie!

Sie war eine bescheidene Frau, konnte viel lachen und vertraute sehr auf Jesus. Papas Schwester, Tante Wilma (Jahrgang 1938), erzählte mir im Februar 2020, vor der Corona-Krise, meine Oma habe mindestens zweimal ihre Kinder unter Gefahr ihres eigenen Lebens verteidigt. Zweimal wurden sie in den 1940er-Jahren von Fliegern aus der Luft beschossen, und beide Male verbarg sie ihre Kinder unter sich und beschützte sie mit ihrem eigenen Körper. (Das Schreiben fällt mir gerade schwer. Ich möchte meinem Herzen freien Lauf lassen und später wohl auch meinen Tränen.)

Dieses intensive Gespräch mit meiner Tante Wilma hatte ich an ihrem 82. Geburtstag, dem 8. Februar, der zugleich auch der Todestag meiner geliebten Oma wurde, doch dazu später mehr. Ich fragte meine Tante, was sie taten, wenn Fliegeralarm war, wenn die Schrecken des Krieges unser kleines Dorf ereilten. Tränen liefen über ihr Gesicht, als sie flüsterte: „Wir versammelten uns in den Kellern, hielten uns an den Händen, lagen uns in den Armen und sangen bzw. beteten dazu."

Diese drei Dinge also gaben ihnen Halt und Trost mitten in der Todesangst: Gemeinschaft, Festhalten und Singen bzw. Beten. Mich berührt das zutiefst, was meine Tante mir Wochen vor dem ersten Lockdown mitten aus ihrem Herzen zuflüsterte: „Gemeinschaft, Festhalten und Gotteslob." Irgendwie hallt dies immer noch in mir nach.

Allerdings waren diese drei Dinge uns eine Zeitlang kaum oder gar nicht möglich. Als ich am 1. November 2020 zuletzt einen Gottesdienst besuchte, waren wir vielleicht zehn Personen. Wir saßen in großen Abständen voneinander; singen durften wir nicht; nicht einmal die Mimik des anderen konnten wir hinter den Masken richtig sehen. Dafür blickte ich in so manches traurige Augenpaar.

Meine Oma war stets der Garant für den Familienzusammenhalt gewesen. Sie war eine starke und herzliche Frau. Liebevoll hatte sie sich um ihre Kinder gekümmert, während Opa im Krieg und in der Gefangenschaft war. Ich kann mir kaum vorstellen, wie sie das alles meisterte. Und Millionen andere auch. Im Glauben an Jesus Christus wurde sie gestärkt; mit dieser Liebe erzog sie ihre Kinder. Jeden Abend betete sie mit den Kleinen, bevor es zu Bett ging. Sie hatte zwei Buben und drei Mädchen gehabt. Ein Junge war bereits nach nur zwei Wochen gestorben. Unbeschreiblich, was diese Frau so alles durchmachte in ihrem Leben; doch nichts, aber auch gar nichts, konnte ihren Glauben erschüttern. Sie war stets ruhig und freundlich, manchmal mahnend, aber voller Liebe.

Es gab Jahre, da besuchte ich Oma und Opa fast täglich. Ich saß auf ihrem kleinen grauen Sofa und sie in ihrem Omasessel hinter ihrem Holzofen. Sie litt an Diabetes, und als ich etwa zehn Jahre alt war, amputierte man ihr ein Bein. So saß sie Tag für Tag hinter ihrem Ofen. Sie „krabbelte" von einem Raum in den anderen oder saß gemütlich in ihrem kleinen Hof.

Kaum ein Tag verging, an dem sie mir nicht voller Liebe und Ehrfurcht von Jesus erzählte. Ehrfurcht? Was ist das? Ehrfurcht hat nichts mit unserer menschlichen Angst zu tun. Wer meine Oma gekannt oder ihren Worten gelauscht hätte, dem müsste ich das nicht mehr erklären. Vielleicht hat es auch mit Faszination, Staunen, Respekt und Würde zu tun.

Es war wenige Monate vor ihrem Tod, als sie mir eindringlich sagte: „Halte dich stets an Gott! Die Welt lacht mehr und mehr über ihn; den Menschen geht's zu gut. Sie denken, sie schaffen es ohne Gott. Vielleicht braucht so mancher Mensch die Not, um nach Gott zu rufen. Ich wüsste nicht, was ich zu Kriegszeiten ohne ihn getan hätte. Er war immer für uns da!"

Solche Worte kamen aus dem Munde einer Frau, die ihr Kind verloren hatte, die so oft um das Leben ihres Mannes gebangt hatte und schauen musste, wie sie ihre Kinder versorgen konnte. Die sich selbst stets zurücknahm und gab, wo sie nur geben konnte – und das alles zu Kriegszeiten!

Oft erzählte sie mir biblische Geschichten. Ich bin so dankbar für jede Minute, in der ich ihr zuhören konnte. Gerade jetzt fällt mir ein, dass ich ihr wohl nie gesagt habe, wie sehr ich sie liebe. Sie wusste es immer, doch ist es so wertvoll, es auszusprechen. Ich wusste es ja auch erst mit 37 Jahren, wie unendlich kostbar es ist, die Liebe auszusprechen.

Sehr oft erzählte sie mir von dem ersten Märtyrer „Stephanus", dass er für sein Bekenntnis zu Jesus sterben musste, dass er aber im Sterben den offenen Himmel sehen durfte. Diese Begebenheit sollte später noch eine größere Bedeutung bekommen.

So oft beteten wir gemeinsam. Welch ein Segen, Eltern und Großeltern zu haben, die beten und segnen können. Immer wieder erzählte sie mir von ihrem kleinen Jungen, dem „Werner", der mit gerade mal zwei Wochen gestorben war. Sie gab Gott nie die Schuld für seinen Tod, sondern sagte mir mit Gewissheit, dass er nun bei Jesus sei.

Omas Sofa war ein Stück Zufluchtsort für mich, wenn die Welt da draußen brüllte. Hier wurde nie geschrien. Opa war wortkarg; nie sprach er aus seinem Herzen. Nähe konnte er auch keine spenden. Heute weiß ich, warum. Er starb 1988, als ich 18 Jahre alt war. Ich glaube, seine Erziehung sowie der Krieg und die Gefangenschaft haben vieles in ihm zerstört und sein Herz versteinert. Würde ich ihm nur noch ein einziges Mal begegnen, so würde ich ihn in meine Arme nehmen (wenn er es zulassen würde) und ihm in sein Ohr flüstern: „Opa, ich verstehe dich und ich liebe dich!" Oh Mann, geht mir das ans Herz!

Ende Dezember 1983 kam meine Oma ins Krankenhaus. Die ersten vier Wochen dachten wir, dass alles gut werden würde, doch auf einmal schien sie uns nicht mehr zu erkennen. Es war eine schlimme Zeit. Meine geliebte Oma wusste meinen Namen nicht mehr.

Eines Tages saß ich an ihrem Bett, als ich ein Strahlen in ihrem Gesicht bemerkte; es war wie von Freude erleuchtet. Sie zeigte zur

Wand neben sich und fragte flüsternd, mit zärtlicher Stimme, voll Ehrfurcht und Dankbarkeit: „Siehst du ihn Michael?" Dabei wisperte sie aufgeregt, als teilten wir unser intimstes Geheimnis.

„Siehst du ihn?", hakte sie nach. „Nein, wen?", fragte ich und schaute verwundert auf die Wand. „Sieh doch genau hin!", wurde sie energisch. „Jesus ist da! Schau ... wie wunderschön er ist ..."

Ja, jetzt sah ich ihn auch – auf ihrem Gesicht. Ich sah, dass Oma Lisa ihn sah ... Und ich flüsterte ihr zu: „Ja, jetzt sehe ich IHN auch ..." Sie lächelte mit tiefer, erfüllter Freude und zugleich Sehnsucht.

So durften wir beide Jesus sehen – meine Oma von Angesicht zu Angesicht und ich in ihrer Freude, im Strahlen ihres Gesichtes ...

Die auf Gott schauen werden leuchten wie die Sonne, sagt die Bibel (vgl. Mt 13,43). Ich habe es selbst gesehen und erlebt, damals am 7. Februar 1983 im Kreiskrankenhaus in Bopfingen auf Ebene eins, ganz hinten am Flur ... Es war die Krönung all unserer Gespräche.

(So, nun laufen meine Tränen. Ich weiß nicht, ob es sich „gehört", wenn man als Autor von seinen Tränen schreibt, während man die Tastatur bearbeitet und mit verschwommenen Blick zu erklären versucht, was unerklärbar ist. Ich spüre nur noch Ehrfurcht, Dankbarkeit und Liebe ... Mein Bildschirm ist verschwommen ... Ich sehe IHN gerade jetzt, Jesus, vor meinen inneren Augen; und vielleicht erkennst auch du ihn in deinem Herzen.)

Einen Tag später kam mein Papa um die Mittagszeit nach Hause. Dies war das erste Mal, dass ich ihn weinen sah – diesen Mann, der so oft geschrien hatte. Er stieg aus dem Taxi, ging die Stufen unseres alten Hauses hinauf, trat ein und flüsterte unter Tränen: „Meine Mama ist eben gestorben ..." Nie werde ich diesen Augenblick, sein Flüstern vergessen, genauso wenig wie das meiner Oma tags zuvor.

Im Himmel sah sie ihren kleinen Werner wieder, und sie hat nun wieder zwei Beine und tanzt mit Jesus. Ihr Gesicht strahlt jetzt bis in alle Ewigkeit ...

Ihr leises Zeugnis von der Schönheit Jesu Christi möge auch in dein Herz flüstern und dir den gleichen Halt schenken, den meine Oma stets hatte, den Trost, der sie durch schwere Zeiten getragen hat, und den Mut, ihr Leben aus Liebe zu geben; ihr Vertrauen in den, der nie von ihrer Seite gewichen ist und der sich ihr im Sterben zeigte. Er nahm ihr alle Ängste und schenkte ihr die Zuversicht, dass der Himmel für sie offenstand wie einst bei Stephanus.

„Schau, Michael, wie wunderschön Jesus ist", höre ich sie immer und immer wieder flüstern, seit nun mehr als 37 Jahren. Und deshalb flüstere auch ich es jetzt in diese Welt hinaus: „Seht her, wie schön ER ist."

Mögest auch du sehen, wie schön ER ist ... Sein Name ist JESUS!

Kapitel 3

Bett-Flüstern

Ich hatte, wie vielleicht die meisten von euch wissen, keine unbeschwerte Kindheit. Die einfachsten Dinge waren für mich oft Lichtjahre weg. Ich wurde verletzt, gedemütigt und kannte kaum meinen Wert. Mein Papa, der 2010 verstarb und mit dem ich mich fast drei Jahre zuvor versöhnen durfte, war Alkoholiker, und mit dem Arbeiten hatte er es auch nicht so. So war mir damals wie heute meine Mama ein Fels in der Brandung. Sie leistete oft Unmenschliches, obwohl sie es selbst nicht einfach hatte. Noch heute habe ich ihr so viel zu verdanken.

Wir wohnen nun gemeinsam in einem Haus, und sie ist uns in vielen Bereichen eine Stütze. Während ich dieses Kapitel schreibe, kocht sie ein leckeres Mittagessen im unteren Stockwerk in unserer Küche. In Kürze sitzen wir alle gemeinsam wieder an einem Tisch wie fast jeden Tag. Ach ja, Mama, falls du das jetzt liest, du und der Rest der Welt sollen es wissen, dass ich dich liebe und ehre!

Ich durfte vor einigen Jahren lernen, über Gefühle zu sprechen, und sage das meiner Mama und meinem Umfeld immer und immer wieder. Je mehr ich das tue, desto mehr beschenke ich mich auch selbst dabei. „Ehre jeden Menschen", steht im 1. Petrusbrief.[1] Ja, wenn wir Freude schenken, beschenken wir uns dabei selbst. Im Umkehrschluss bedeutet das aber auch: Wenn wir verletzen, verletzen wir uns dabei selbst ...

Doch trotz meiner Mama, meiner Oma und meiner geliebten Tante Elfriede, fehlte mir ein liebevolles männliches Vorbild, und das entdeckte ich mehr und mehr bei meinem geliebten Onkel Heinz. Was für ein toller Mann! Er war Jahrgang 1930 und kam aus Berlin.

---

[1] Vgl. 1 Petr 2,17.

Er war sooooo schlau. Für mich war er wie ein persönliches Wikipedia und Google in einer Person. Stets hatte er einen Rat. Tante Elfriede und Onkel Heinz wohnten nur 200 Meter von Oma und Opa entfernt. Fast jeden Sonntag gingen wir zusammen spazieren, meine Familie und die beiden.

Heinz und ich „seilten" uns stets ab und gingen oft hunderte von Metern voraus. Ich saugte alles auf, was er zu sagen hatte. Er bemerkte meine Unsicherheit und brachte mir die ersten Tricks zur Selbstverteidigung bei. Er sagte mir immer wieder: „Junge, wenn du *einmal* wegläufst, dann läufst du immer weg. – Steh aufrecht! – Halte dem Blick stand! – Sag, wenn du etwas nicht möchtest! – Erhebe deine Hände und beschütze deinen kleinen unsichtbaren Gartenzaun! – Und wenn jemand alle Warnungen ignoriert und dir weh tun will, dann betonierst du ihm sofort eine!" *Boah*, er war so mutig, so stark, das Gegenteil von mir. Deshalb bewunderte ich schon immer Muhammad Ali, Bruce Lee und Bud Spencer. Sie alle waren ein wenig wie Onkel Heinz.

In manchen Zeiten war ich täglich bei meinem „Onkele". Er spürte, wenn es mir nicht gut ging, wenn andere mich verletzten, und oft sprach er mich direkt an: „Bist du aufrecht gestanden? Hast du den Blick gehalten? Und hast du deinen unsichtbaren Gartenzaun verteidigt?" Immer und immer wieder musste ich verneinen; ich war einfach zu mutlos. Es waren jedoch nicht nur die körperlichen Angriffe oder Beleidigungen, es gab auch dieses Flüstern hinter meinem Rücken, welches tief in meinem Herzen heftige Schmerzen verursachte, zusammen mit den hämischen Blicken. – Bis der große Tag kam.

Ich war in der ersten Klasse, 1976, als ich wieder mal mitten im Unterricht zutiefst beleidigt und sogar hinter dem Rücken des Lehrers verletzt wurde. Da schossen mir Onkel Heinz' Worte durch den Kopf: „Wer einmal wegläuft, der läuft immer wieder weg." In diesem Bewusstsein, hier und jetzt, fasste ich den Entschluss, nicht mehr alles mit mir machen zu lassen. Ich stand auf – ja ich stand sogar aufrecht – und erhob meine Stimme. Und dann „betonierte" ich meinem Peiniger eine „voll auf die Zwölf". Der Schlag saß! Mitten im Unterricht brach ich ihm die Nase.

Natürlich hatte das Konsequenzen, ohne sie jetzt hier beschreiben zu wollen. Doch die waren mir egal. Ich war aufgestanden, das war das Einzige, was zählte. Voller Stolz berichtete ich meinem Onkel von meiner Tat. Klar, dass kaum jemand verstand, was da wirklich geschehen war; sie sahen nur, dass ich „Gewalt angewendet" hatte. Aber mein Onkele und meine Mama, die blickten durch und freuten sich.

Von diesem Tag an hatte ich Ruhe vor dem Typen. Im Gegenteil, wir wurden sogar Freunde, und diese Freundschaft hält nun schon seit 44 Jahren!

Nein, ich heiße es nicht gut, was ich tat, und ich lehre auch, dass jeder vermiedene Kampf ein gewonnener Kampf ist und dass die eleganteste Art, dem Gegner die Zähne zu zeigen, ein Lächeln ist. Doch dort, wo wir jeden Tagen hingehen, wie zur Schule, zur Uni oder zum Arbeitsplatz, können wir nicht täglich fliehen, sonst sind wir jeden Tag auf der Flucht und können uns nicht frei und unbeschwert entfalten. Damals in meiner Klasse gab es für mich nur diesen einen Weg; zumindest erkannte ich in meiner Hilflosigkeit keinen anderen. Ich hatte irgendwie meinen Stand einnehmen müssen.

***

Doch leider war ich damit noch immer kein Held geworden, der immer seinen Mann stand. Die Prägung meiner jungen Seele konnte ich nicht einfach so mit einem Wisch wegfegen. Die Demütigungen zu Hause, in der Schule und nicht selten auch in der Freizeit blieben.

Ich muss so zehn Jahre alt gewesen sein, als mir das alles zu viel wurde und ich nicht mehr wusste, wie mein kleines Herz es noch aushalten sollte. Und so kam es, dass ich eines Tages auf den Gleisen stand, mit Blick sowohl auf unsere Dorfkirche, wo ich so oft Zuflucht gefunden hatte, als auch auf mein Elternhaus. Ich konnte und wollte nicht mehr. Mein Leben schien mir aussichtslos. Mir war klar, dass sich so schnell nichts ändern würde – weder morgen noch in fünf Jahren. Ich war täglich der Gewalt, der Armut, dem Hohn und Spott ausgesetzt.

So spielte ich mit dem Gedanken, mir mein junges Leben zu nehmen. Ich dachte an meine Beerdigung und hoffte, dass es spätestens dann allen leidtun würde, was sie mir all die Jahre angetan hatten.

Mitten in meinen traurigen Gedanken vernahm ich ein Flüstern tief aus und in meinem Herzen: „Lebe weiter, ich habe noch viel mit dir vor!" Hoffnung keimte in mir auf, der Same für ein neues Leben. Es begann etwas, auch wenn es noch ganz fein und zart war. Aber es trug den Willen zum Leben in sich, und dadurch war es unüberwindbar stark.

Ich konnte niemandem davon erzählen, nicht einmal Onkel Heinz. Der Augenblick war zu intim gewesen; so tief konnte ich keinen in mein Herz blicken lassen. So ahnte niemand etwas von meinem Erlebnis auf den Bahngleisen, und der Alltag schien einfach seinen Fortgang zu nehmen. Aber Gott hatte seine Hand auf mich gelegt, und das war nicht mehr rückgängig zu machen.

***

Mein Onkele blieb weiterhin mein Mentor. Er brachte mir viele Spiele bei, wie Schach, Dame oder Mühle. Über tausend Themen unterhielten wir uns. Er war ein Stück weit der Vater, den ich mir immer gewünscht hatte, und auch mein Freund. Und immer wieder zeigte er mir, wie man am besten kämpft. Ja, er hatte selbst viel kämpfen und die harte Realität des Krieges erleben müssen. Von sich persönlich erzählte er fast nie etwas, außer einmal. In tiefem Schmerz erzählte er mir, sein bester Freund sei von einer Granate getötet worden. Wortwörtlich sagte er mir, er habe „seine Überreste von der Straße gekratzt".

Es war nur ein kurzer Einblick – für einen Bruchteil öffnete er seine Herzenstür, um sie gleich wieder zu verschließen. Er konnte sich diesen Schmerz nicht anschauen und auch niemanden teilhaben lassen; es war zu schwer. An dieser Stelle war sein Herz zerbrochen.

Diese intensive Zeit mit meinem Onkel erlebte ich von meinem fünften bis zum vierzehnten Lebensjahr; danach zogen wir in den Nachbarort. Doch diese Zeit hatte mich für ein ganzes Leben geprägt.

Einmal vertraute ich ihm an, dass mich mein Vater wieder verdroschen hatte, und er stellte ihn daraufhin zur Rede. Da war jemand, der sich für mich stark machte, der auf meiner Seite stand. Ich kann mich noch gut an den Tag erinnern. Als ich dann mit meinem Vater ganz allein war, erlebte ich eine kaum zu beschreibende

Kälte. Es dauerte etwa zwei Stunden, bis er mich dann wieder verdrosch, diesmal schlimmer als gewohnt, da ich ihn in seinen Augen vor meinem Onkel lächerlich gemacht hatte. Ja, es war schlimm; doch das Gefühl zu erleben, dass jemand für einen kämpft, war unbeschreiblich. Es war ein Liebesbeweis. Liebe, ja darum geht es in unserem Leben. Liebe, die wir zu wenig bekommen haben oder die wir zu wenig gegeben haben. Dies macht unsere Herzen schwer und traurig.

Heinz brachte mir viele Dinge bei, auch wie wichtig der wertvolle Umgang mit Geld ist. Er motivierte mich, für die älteren Leute einkaufen zu gehen und zu arbeiten. Dadurch bekam ich mal hier eine Mark und mal da ein paar Pfennige. Was tun damit? Heinz meinte: „Jetzt brauchst du ein Sparbuch, und lass das Geld wachsen." Ich habe lange nicht verstanden, wie Geld wachsen sollte. So legten wir ein Sparbuch an.

Irgendwann hatte ich stolze 76,50 DM auf dem Konto. Ich fühlte mich so reich. Ich hatte etwas geleistet und nun mein eigenes Geld. Ich werde nie den Tag vergessen, als ich meinem Vater nach einem Streit hochnäsig mitteilte, ich würde mehr arbeiten als er und hätte sogar mein eigenes Sparbuch. Nie, nie, nie vergesse ich seinen Blick und seine Worte: „Nein, du hast gar nichts!" Ja, er hatte mein Sparbuch geplündert. Eine Welt brach für mich zusammen.

Es schmerzt mich heute nicht mehr, da Papa und ich uns 2007 durch die Gnade Jesu Christi vollkommen versöhnen durften. Doch damals war ich wieder mal gebrochen worden. Heinz war wütend, doch sagte er nichts zu meinem Vater. Die Konsequenzen hätte sonst wieder ich spüren müssen. Stattdessen versteckten wir mein verdientes Geld ab dieser Zeit in einer kleinen Zigarrenblechdose. Wir versteckten sie so gut in der Gartenlaube, dass wir sie nie wiedergefunden haben. Irgendwo in meinem geliebten Dörfchen schlummert eine kleine Blechdose mit etwa 20 Mark in Kleingeld …

***

So vergingen die Jahre. Meine Besuche wurden rar, denn ich war mehr in der Welt unterwegs als in meiner Heimat. Der Schmerz trieb mich, und ich fand kaum Ruhe. Irgendwie war ich auf der

Flucht vor meinem Vater und versuchte gleichzeitig, ihn auch irgendwie stolz auf mich zu machen. Ich durchlebte Obdachlosigkeit, von der kaum jemand wusste. Ich war ein Getriebener. Mein Herz versteinerte sich täglich mehr. Mein Onkel erkannte meinen Schmerz und fragte mich eines Tages, es muss wohl etwa 2005 gewesen sein: „Was machst du eigentlich, wenn dein Vater eines Tages stirbt?" Kalt gab ich ihm zur Antwort: „Na und, wir alle müssen mal sterben."

Ich konnte ihm mein Herz nicht zeigen. Er kämpfte selbst mit sich und konnte mir auch seines nie richtig offenbaren. Später erfuhr ich, dass er selbst ohne Papa aufgewachsen war, doch hatte er nie darüber gesprochen.

Obwohl er seit 60 Jahren auf der Schwäbischen Alb wohnte, sprach er stets mit „Berliner Schnauze". Oft diskutierten wir über das Universum, die Sterne, über Religionen und vieles mehr. Er war der Meinung, es sei egal, an was man glaube; Hauptsache, man sei ein guter Mensch. Wir ließen es dabei, nie entstand dadurch Streit. Ein paar Monate bevor er starb, begann mein Onkel mich viele Dinge zu fragen. Ähm, was war da los? Wikipedia und Google, mein persönliches Lexikon, stellte *mir* Fragen? Oft fingen seine Fragen mit „warum" an. Wenn unser Pfarrer zu Besuch kam, hörte er mehr und mehr aufmerksam zu und genoss es, gesegnet zu werden. In dieser Zeit hat er ziemlich oft gefroren. Mein Onkel zeigte Schwäche, das kannte ich fast gar nicht von ihm.

2006 lernte ich meine zweite Frau kennen. Ich kannte es bis dahin nicht, dass Menschen sich in den Arm nehmen. (Nach der Versöhnung mit meinem Papa mussten er und ich noch fast zwei Jahre trainieren, wie das mit dem In-den-Arm-Nehmen geht.) Meine Frau jedoch umarmte Tante Elfriede und meinen Onkel Heinz bei jeder Begrüßung und bei jeder Verabschiedung ohne Zurückhaltung. Das beobachtete ich und sehnte mich auch danach, so locker damit umgehen zu können. Ja, ich war ein wirklich verletzter und kaputter Typ (und stehe immer noch in einem Heilungsprozess). Wenn ich meinen Onkel bei Verabschiedungen drückte, dann eher flüchtig. Doch unsere Sehnsucht, seine und meine, war viel größer.

***

Er wurde älter, schwächer und nachdenklicher, und ich durfte ihm schließlich von der besten Botschaft der Welt berichten: dass Gott in seinem Sohn zu uns gekommen war, um uns von aller Schuld freizumachen; dass Jesus alle Antworten auf alle Warum-Fragen kennt; dass Jesus selbst die Antwort *ist*; dass Gott unsere verletzten Herzen gesundlieben möchte. Aufmerksam saugte er jedes Wort in seinem Herzen auf.

***

Eines Abends, als ich zuhause war, klingelte das Telefon. Wenn du es gestattest, nehme ich dich jetzt einfach mit in die damalige Gegenwart:

Tante Elfriede ist am Apparat, und sie ist panisch: „Komm schnell! Heinz ist schwer gestürzt!"

Hastig renne ich zum Auto und fahre los. Mein Herz ist aufgeregt und schwer zugleich. So rase ich die kurze Strecke, um dem zu Hilfe zu eilen, der mir selbst so oft zur Seite stand.

Weinend und völlig aufgelöst öffnet meine Tante die Tür. Da sitzt er, mein Onkel Heinz, auf dem Fußboden des Wohnzimmers, neben seinem wunderschönen Aquarium. Schwach und zerbrechlich sieht er aus, der Mann, der für mich Ali, Bruce Lee und Bud Spencer sowie Wikipedia in einem verkörpert.

Er ist die Treppe hinuntergefallen und trotz all seiner Schmerzen ins Wohnzimmer gekrabbelt. Nun sitzt er aufrecht auf dem Fußboden und zeigt Haltung, trotz allem.

„Ich rufe den Notarzt!" sage ich.

„Nein!", schreit meine Tante, „dann kommt er nie wieder nach Hause!"

Mein Onkel schaut mich an. Ich sehe so unendlich viel Vertrauen in seinem Gesicht. „Wenn du meinst, dann mach das", flüstert er mir zu.

Meine wunderbare Cousine kommt dazu, und wir beide tun, was zu tun ist. Immer wieder schreit meine Tante: „Keinen Notarzt, sonst kommt er nie wieder nach Hause!"

Der Rettungsdienst kommt und die Sanitäter bringen meinen Onkel in den Rettungswagen. Bevor sie abfahren, schließt einer der

Sanitäter die Tür und sagt: „Vermutlich Oberschenkelhalsbruch. Die alten Leuten kommen selten wieder, nur zur Info …" Die Worte treffen mich bis ins Mark.

Ich fahre dem Krankenwagen hinterher. An den Schatten hinter dem Milchglasfenster sehe ich, wie sie Onkel Heinz versorgen. Ich weine und bete die ganze Fahrt hindurch. Was auch sonst? Horoskope befragen? Das Universum oder die universelle Energie um Hilfe bitten? Keine Alternative für mich!

Im Krankenhaus angekommen, warte ich, bis mein Onkel geröntgt und notversorgt ist. Als ich zu ihm darf, liegt er kreidebleich und schwach in seinem Bett.

„Onkele, weißt du noch, wie oft wir über Jesus gesprochen haben und wie du stets gemeint hast, es sei egal, an wen und was man glaubt? … Aber es ist eben nicht egal, an wen wir unser Herz verschenken und wem wir von ganzem Herzen vertrauen. Gott kam doch *in Jesus* zu uns, um uns mit sich zu versöhnen, und um uns den Frieden zu schenken, den uns diese Welt nicht geben kann … Mach doch heute Nacht Frieden mit Gott, Onkele, ja … ?!"

Mit dankbaren Blicken lauscht er meinen Worten. Es scheint, als könne er zum ersten Mal etwas von mir für sein Herz nehmen.

Am nächsten Morgen gehe ich zum Juwelier und kaufe ihm eine silberne Halskette mit einem Kreuzchen. Mit meinem Liebesgeschenk bewaffnet, eile ich ins Krankenhaus zu meinem Onkel.

„Na, hast du mit dem Boss gesprochen?", frage ich, als ich an sein Bett trete, und er antwortet:

„Ja, vorhin habe ich mit dem Oberarzt geredet."

Ich musste lächeln: „Nein, Onkele, nicht mit *diesem* Boss, sondern mit dem da oben!" Ich zeige zum Himmel.

Er lächelt und flüstert: „Ja, mit ihm hab' ich heute Nacht auch gesprochen. Nun habe ich Frieden mit Gott gemacht …"

Frieden mit Gott, ja, um diesen Frieden geht es von der ersten bis zur letzten Sekunde in unserem Leben. Nicht ständig um das, was man tun muss, was man darf und nicht darf, Leistung hier und Leistung da … Es geht um Frieden mit Gott; dem Gott, der Liebe ist – nichts als Liebe. Je mehr wir in, mit und durch diese Liebe leben, desto mehr wird das Gute in uns selbst „hervorgeliebt".

Liebe liebt das Gute in uns hervor.

Ein paar Tage später besuchen wir Onkel Heinz – meine Frau, meine Tochter und ich. Beim Verabschieden beugt sich meine Frau über sein Bett und drückt ihn herzhaft. Danach beuge auch ich mich über ihn und sage ihm, dass ich ihn liebhabe. Seine Antwort ist ein Flüstern: „Ich hab' dich lieb, Miggi!"

Kaum traue ich meinen Ohren; nach all den Jahren kommt es zum ersten Mal über seine Lippen. Während meine Augen ihn kurz etwas verdutzt anschauen, haben mein Herz und mein Mund schon geantwortet: „Ja Onkele, ich dich auch – soo sehr!"

Ich laufe halb um sein Bett herum und stehe am Fußende. Da muss er es mir noch einmal sagen: „Hörst du, Miggi? Lieb hab' ich dich! Und pass auf dich auf!"

Tief berührt und um Fassung ringend antworte ich: „Ja ich hab' dich auch lieb! Na klar, pass ich auf mich auf!"

Ich folge meiner Frau und meiner Tochter zur Türe, doch bevor ich sie hinter mir schließen kann, höre ich noch einmal seine Stimme: „Miggi?!"

„Ja?" Ich schiebe meinen Kopf zurück durch die Tür. (Jetzt, während ich schreibe, treffen sich in der Rückschau noch einmal unsere Blicke.)

„Ich hab' dich lieb, vergiss das nie!" Sein Herz steht himmelweit offen und strömt über vor Liebe und Frieden. All die Fragen, die ihn sein Leben lang beschäftigten, die wie Wellen auf hoher See waren, sind zur Ruhe gekommen, weil er nun den in seinem Herzen trägt, der Wind und Wellen stillt.

„Ich hab dich auch lieb, Onkele", flüstere ich ein letztes Mal in Resonanz auf dieses wunderschöne Herz …

***

Zwei Tage später klingelt unser Telefon. Meine Frau geht dran, legt kurz darauf fast wortlos wieder auf und sagt flüsternd, was ich in meinem Herzen schon weiß: „Onkel Heinz ist heute Nacht in den Himmel gegangen."

***

In der Friedhofskapelle verabschieden wir uns noch einmal von ihm, doch es ist nur seine Hülle, sein Zelt, in dem er wohnte, als er hier auf der Erde war. Ich sehe diesen toten Körper, in dem er gelebt hat, mein Vorbild und mein Held. Kein Leben mehr darin. Meine Tante küsst und streichelt ihn. Unendlich viele Tränen fließen und sie flüstert immer wieder: „Bitte geh nicht, bleib bei uns …"

Ich verlasse den Raum und weiß, wir sehen uns wieder.

Die Liebe, die er mir im Krankenhaus dreimal zuflüsterte, ist eine ewige. Sie krönte unsere Beziehung, alle diese Jahre. Sie schwappte auf den Grund meines Herzens und löste dort einen Tsunami an Gefühlen aus. Eine Kraft, die nun weiter und weiter geht, die durch diese Zeilen jetzt gerade sogar dich erreicht.

Welchem Menschen kannst *du* es heute noch zuflüstern?

„Ich hab' dich lieb!" – so einfache Worte, so eine unfassbare Kraft!

Lass dich von nichts und niemandem aufhalten, zum Botschafter der Liebe zu werden!

Kapitel 4

Demenzgeflüster

Es war eine schreckliche Zeit nach dem Tod meines geliebten Onkels. Meine Tante verlor zunehmend an Lebensfreude, obwohl sie von ihrer Natur her ein Sonnenschein war und ist.

Ich hatte ja einen Großteil meiner Kindheit bei Onkel Heinz und Tante Elfriede verbracht, die die Schwester meines Vaters ist. Während mein Onkel mir das Kämpfen und sämtliche Spiele beibrachte, backte und kochte meine Tante, und immer wieder erzählte sie mir (wie auch meine Oma, also ihre Mama) von Jesus.

In schweren Lebenskrisen war sie, so wie Onkel Heinz, immer für mich da gewesen. Ihr herzhaftes Lachen war ansteckend, und oft konnte sie nur sehr schwer damit aufhören.

Sie ist Jahrgang 1933. Im Gegensatz zu Onkel Heinz, konnte sie über die Kriegszeiten offen sprechen und auch darüber, wie sehr ihr Jesus und ihre Mama eine Stütze waren. Ein intensives Erlebnis, über das ich hier nicht näher schreiben kann, hatte dazu geführt, dass ihre Beziehung zu Jesus unerschütterlich wurde. Gott hatte ihr in ihrer Not zur Seite gestanden, und das trägt sie fest in ihrem Herzen.

Kurze Zeit nach dem Tod ihres geliebten Mann tat sie sich immer schwerer damit, alles alleine zu bewältigen. So wurde das kleine Häuschen verkauft und Tante Elfriede ging in eine Einrichtung, welche sich „Betreutes Wohnen" nennt. Schnell lebte sie sich hier ein; allerdings blieb die Sehnsucht nach ihrem Heinz und nach ihrem gemeinsamen Häuschen riesengroß.

Oft nahm ich sie einfach mit zu uns, zum Essen oder einfach nur so. Manchmal spielte ich ihr von meinem Handy Lieder aus uralten Zeiten vor. Sie liebte die Schlager der 70er- und 80er-Jahre und so manches Heimatlied. Und stets beteten wir gemeinsam. Ein Gebet trug sie mir immer und immer wieder vor:

Dich, o Jesus, bet ich an,
wie die Weisen es getan.
Gold und Schätze kann ich nicht
bringen vor dein Angesicht,
aber meines Herzens Gold
schenk ich dir, o Jesus hold.
Über alles lieb ich dich,
will dich lieben ewiglich!

So beteten und sangen wir fast immer, wenn wir zusammen waren bzw. sind. Der Montag wurde zu „unserem" Tag. Ich holte sie am Nachmittag ab, dann gingen wir zum Friedhof und in die Kirche und zum Abschluss in unser geliebtes „Café Mayer".

Zunehmend wurde sie vergesslicher und schwächer, bis der traurige Tag kam, an dem sie wieder umziehen musste. Das Altersheim ist nun zu ihrer letzten Wohnstätte geworden. Mehr und mehr verschwammen wohl ihre Lebensbilder bzw. fand sie die passenden Worte nicht mehr, oder beides. Dann kam die Zeit, in der sie weder meinen Namen noch mich kannte. Das war sehr schmerzlich; ich weiß nicht, ob auch für sie oder nur für mich. Selbst ihren geliebten Mann erkannte sie auf einem Foto nicht mehr und fragte mich, wer das denn sei. Doch eines blieb, war zutiefst in ihr verankert: Wenn ich ihr unser Gebet ins Ohr flüsterte, machte sie mit und wir flüsterten es gemeinsam.

Eines Tages, sie saß in einem Ohrensessel im Aufenthaltsraum des Heims, da kniete ich mich vor ihr hin und bat sie um Vergebung für all die Liebe, die ich ihr *nicht* gebracht hatte, und wo ich an ihr schuldig geworden war. Sie nahm mich behutsam in ihre Arme, küsste meine Tränen weg und sagte: „Ich hab' dich lieb, mein Guter!" Und dann fragte ich sie: „Weißt du, dass Jesus dich liebhat?" „Ja, das habe ich nie vergessen!", flüsterte sie liebevoll zurück.

Leider kam dann die Zeit, als wir auch nicht mehr gemeinsam weggehen konnten, nicht mehr auf den Friedhof, nicht in die Kirche, um gemeinsam zu beten, und nicht mehr zum Kaffeeplausch ins Café unseres kleinen Städtchens …

Vor Kurzem, bei einer gemeinsamen Fahrt durch unser Dörfchen zeigte sie liebevoll auf den kleinen Hügel, auf dem ihr Häuschen stand. Wortlos, mit feuchten Augen, zeigte sie mit ihrem Zeigefinger in Richtung des Hauses, in dem es so oft nach frisch gebackenem Kuchen, nach Rouladen oder heißem Kakao gerochen hatte. Ihr sehnsüchtiger Blick mit dem empor gehaltenen Finger erinnerte mich an „E.T.", als der in einer Szene sagte: „Nach Hause gehen ..."

Ja, das ist es: Nach Hause gehen. So viele Sterbende flüsterten dies in mein Ohr – meine Oma, mein Papa und so viele andere auch.

Vor wenigen Wochen besuchte ich Tante Elfriede, und sie hielt gerade einen Mittagsschlaf. Süß, wie sie aufwachte; ein Lächeln verzauberte ihr Gesicht. Ich setzte mich an den Bettrand und hielt ihre Hände. Auf einmal erkannte sie mich: „Bist du es?" „Ja, Dodo", so nenne ich sie seit Kindheitstagen. „Ich bin es, Miggi!" „Es ist gut, dass du da bist", flüsterte sie leise mit einem kleinen Lächeln.

Ich legte meinen Kopf auf ihren Oberkörper und sagte ihr, wie sehr ich sie liebe. Und dann fing ich an, unser Gebet zu sprechen. Ganz sachte, fast schon zärtlich, flüsterte sie mit: „Dich, o Jesus, bet' ich an ... " Dann flüsterten wir beide das Vaterunser, das Jesus uns selbst gelehrt hat. Sie sprach fast alles mit. Wenn auch das meiste andere vergessen schien oder die Worte irgendwo verschüttet waren, das Beten ging. Und gemeinsam sangen wir noch ein Lied. Es war ein Stück Himmel, mit ihr zum himmlischen Papa zu sprechen ...

Bei jedem Besuch flüstere ich ihr meine Liebe ins Ohr und immer wieder: „Jesus liebt dich." Oft huscht dabei ein Lächeln über ihr Gesicht. Alles, was wir aus Liebe tun oder sagen, bleibt in Ewigkeit ...

So verbringt sie ihre Tage in ihrem Altersheim, in dem sie liebevoll umsorgt wird. In ihrem Herzen ist eine große Sehnsucht, nach Hause zu gehen. Eines Tages wird sie ein letztes Mal umziehen, zu dem, der ihr versprochen hat, ihr eine Wohnung zu bereiten ...[1] Zu dem, der ihr ein Leben lang Halt und Trost gegeben hat. Sie wird nach Hause gehen, zu Heinz und zu Jesus, über den schon ihre Mama im Sterben flüsterte: „Sieh, wie schön er ist!"

---

[1] Jesus sagte: „Euer Herz erschrecke nicht! Glaubt an Gott und glaubt an mich! In meines Vaters Hause sind viele Wohnungen. Wenn's nicht so wäre, hätte ich dann zu euch gesagt: Ich gehe hin, euch die Stätte zu bereiten? Und wenn ich hingehe, euch die Stätte zu bereiten, will ich wiederkommen und euch zu mir nehmen, auf dass auch ihr seid, wo ich bin" (Joh 14,1-3 LUT).

Kapitel 5

Papas Flüstern

Seit mein Papa seinen Segen dazu gab, unsere Geschichte zu erzählen, habe ich das unzählige Male in vielen Einrichtungen getan. Oft wurden Herzen berührt, und nicht selten versöhnten sich Menschen im Anschluss daran. Erst vor wenigen Wochen saß eine etwa sechzigjährige Dame in meinem Vortrag. Im Anschluss kam sie auf mich zu und erzählte mir von ihrem Hass und ihrer Bitterkeit und dass sie keine Liebe für ihren Vater empfinde. Sie meinte, es sei Heuchelei, wenn sie Liebe aussprache, aber Hass empfinde. Ich sagte ihr, ich sei der festen Überzeugung, dass Liebe stets eine Entscheidung ist.

Als ich 2007 zu meinem Papa gegangen war, um ihm meine Liebe auszusprechen und ihn um Verzeihung zu bitten, da hatte auch mein Verstand rebelliert und mir tausend Gründe angeboten, dies nicht zu tun. Doch gegen alle tausend Gründe hatte meine Entscheidung festgestanden, und ich hatte Gott gebeten, mich bei meinem Vorhaben zu unterstützen.

Zwei Wochen nach dem Vortrag schrieb die Dame mir, sie habe das Unmögliche getan. Nach Jahrzehnten der Streitigkeiten, nach Hass und vielen Kämpfen, habe sie Jesus gebeten, ihr dabei zu helfen, zu ihrem Papa zu gehen und ihm Liebe auszusprechen. Um nicht enttäuscht zu werden, war sie diesen schweren Weg ohne Erwartung gegangen. Liebe erwartet nichts. Sie hofft und ist bereit, alles zu geben.

An diesem besagten Tag saß ihr (über 80 Jahre alter) Papa im Garten und wurde durch das Liebesflüstern seiner Tochter bis tief in sein Herz getroffen. „Ich liebe dich, Papa", flüsterte sie ihm zu. Gegen alle Hassgefühle tat sie das schier Unfassbare. Ihr Papa weinte den ganzen Nachmittag. So hatte sie ihn noch nie erlebt. Nun sind beide nach Jahrzehnten von Streit und Bitterkeit endlich frei.

Ja, das war der Wunsch meines Papas gewesen, dass sich durch unsere Geschichte mehr und mehr Menschen versöhnen würden und letztendlich Gott fänden und ihn lieben lernten.

Bis zu meinem 37. Lebensjahr hatten wir sehr schwere Kämpfe miteinander gehabt. Trotz aller Turbulenzen schenkte ich ihm allerdings zu jedem Weihnachtsfest eine Kleinigkeit. Irgendwie dachte ich, das gehöre sich so. Doch stets war es irgendwie lieblos gewesen. So auch 2006. Ich schenkte ihm ein Rasierwasser und ein paar selbstgebackene Kekse. Etwa zwei oder drei Wochen später sahen wir uns wieder. Schon von Weitem schrie er mir entgegen: „Die alten Kekse kannst du in Zukunft selber fressen!"

Ich war schockiert wegen des Gebrülls und der hasserfüllten Worte. „Du undankbarer Mensch, ich will nie wieder was mit dir zu tun haben, geh mir aus den Augen!", schrie ich zurück.

Doch heute weiß ich, was er mir eigentlich sagen wollte. Er wollte mir etwas ganz, ganz anderes aus seinem Herzen mitteilen; eigentlich wollte er mir etwas zuflüstern, was er aber nie gelernt hatte, was man ihm nie beigebracht oder vorgelebt hatte. Er wollte mir zuflüstern: „Miggi, jedes Weihnachten war ich alleine, ich wäre so gerne bei dir gewesen, weil ich dich so liebhabe." Das war es, doch er konnte es nicht. Und mir hatte keiner beigebracht, sein Gebrüll richtig zu verstehen.

Wenn Menschen uns also beleidigen und anschreien, sollten wir vielleicht darauf achten, was sie uns aus dem Grunde ihres Herzens wirklich flüstern wollen: vielleicht eine Kostbarkeit, die nur total verdreht herauskommt? Das gilt natürlich auch für dich und mich, bevor wir brüllen und beleidigen. Um was geht es tatsächlich? Was wollen wir unserem Gegenüber wirklich zuflüstern?

Mein Papa und ich gingen uns noch viele Monate lang aus dem Weg. Mein Herz wurde immer schwerer und bitterer – bis der große Tag kam, an dem Gott mein Herz stark berührte und mich zu meinem Papa führte. Dort, in der kleinen Kneipe, in Gastzimmer Nr. 5, flüsterte ich ihm mitten aus meinem Herz zu, was ich schon viel, viel früher hätte tun sollen: „Papa ich wollte dir nur sagen, dass ich dich sehr liebhabe, und bitte vergib du mir." Nach Schweigen mit großem Erstaunen flüsterte er mitten in mein Herz, worauf ich 37 Jahre voller Sehnsucht gewartet hatte; weshalb ich krampfhaft jahrzehntelang Kampfsport ausübte, in den Sicherheitsdienst ging und Urkunden sammelte …

„Immer hab' ich dich liebgehabt, Bub! Leider konnte ich es dir nie sagen, bitte vergib mir!"

Papas Liebesflüstern veränderte mein ganzes Leben. Ich beendete meine Tätigkeit im Sicherheitsdienst. Kampfsport betrieb ich nur noch aus Freude, fern von jedem Druck und Leistungsdenken. Ich versöhnte mich mit vielen in meinem Umfeld. Endlich entdeckte ich auch Gott als Papa, was mir fast 37 Jahre fremd war. Durch das Flüstern meines himmlischen Papas heilte mein Herz zunehmend und ich konnte es mit vielen Menschen teilen.

„Ich will euch ein neues Herz geben", flüstert Gott uns allen zu. Das erlebte ich an meinem irdischen Papa. Er hörte mit dem Trinken auf und seine ganze Art veränderte sich; aus Bitterkeit wurden Dankbarkeit und Freundlichkeit. Aus Fluchen und Schreien wurden geflüsterte Gebete.

Ja, um das irgendwie mit der heutigen Zeit zu vergleichen: Es ist wie ein Virus – total ansteckend, dieses Liebesflüstern. Papas Liebesflüstern konnte ich über viele Medien, darunter auch große TV-Reportagen, mit Millionen teilen. Unzählige Rückmeldungen erreichten mich in all den Jahren von Menschen, die sich Liebe zuflüsterten, sich versöhnten; viele davon am Sterbebett. Was Papas sanftes Liebesflüstern Ende 2007 in der kleinen Kneipe auslöste, geht nun um die ganze Welt …

Gib auch du dieses Liebesflüstern weiter. Am besten heute noch; morgen kann es zu spät sein. Am besten gleich jetzt! Ich erinnere mich an einen 85-Jährigen, der nach einem Männervesper im Raum Stuttgart seinen 63-jährigen Sohn um 23 Uhr anrief und ihm zum ersten Mal – unter Tränen – Liebe zuflüsterte: „Es war so, es ist so und es wird immer so sein: Lieb habe ich dich, mein Sohn!" Ihr könnt euch vorstellen, wie verwundert der Sohn am anderen Ende des Telefons war. Was zurückkommt, ist nicht wichtig, nur was du aus Liebe gibst. Viele Sterbende bereuen sehr oft die Dinge, die sie nie getan haben.

Heute ist der beste Tag, einem oder mehreren Liebe, Wertschätzung und Dank zuzuflüstern. Vielleicht deinen eigenen Hausgenossen, deinen Nachbarn, Leuten im Ort oder weiter weg? Dein Herz weiß es ganz genau ...

Diese Wege sind nicht einfach, doch machen sie die Welt zu einem besseren Ort; denn dort, wo Liebe ausgesprochen und gelebt wird, ist ein Stück Himmel. Bringe heute noch jemandem durch dein Flüstern ein Stück vom Himmel ...

Kapitel 6

Totenstille

Ein inneres Drängen führt mich zu diesem Kapitel. Mehrfach habe ich diesen Gedanken beiseitegeschoben. Je mehr ich dies aber tat, desto stärker wurde der Impuls, es doch zu schreiben. So beginne ich jetzt einfach, ohne zu wissen, wo es hinführt.

Ich habe diesen Moment zwar in einem meiner Büchlein schon einmal beschrieben, aber bestimmt nicht in dieser Intensität. In den Jahren, als ich mit meinem Papa noch nicht versöhnt war, hatten sich meine Gedanken auf den Schmerz, auf all die Verletzungen, die ich durch ihn erleiden musste, fokussiert. Nach der Versöhnung mit ihm geschah so viel Wunderbares.

Eine dieser Veränderungen war, dass auch meine Erinnerungen sich wandelten. Ich sah vieles in einem anderen Licht und erinnerte mich an wunderbare Stunden mit meinem Papa. Sie waren irgendwie durch meinen Schmerz und all den Hass in mir wie hinter einer dicken Nebelwand verschwunden. Manchmal spüre ich fast täglich, wie Gott mein Herz gesundliebt. Mein Blick auf Vergangenes und meine Erinnerungen werden bewusster, intensiver und mit Liebe durchtränkt.

Das bedeutet, dass ich Dinge, die ich vor vielen Jahren bereits beschrieb, heute viel intensiver beschreiben würde. Man könnte es mit einem Besuch beim Augenoptiker vergleichen, der herausfinden möchte, welches Glas für unsere Augen am besten geeignet ist, und sich somit Stück für Stück der Ideallösung nähert, bis wir am Ende wieder klarer sehen und dadurch mit mehr Lebensfreude und Lebensqualität beschenkt werden. Im Prinzip könnte ich alle meine Bücher noch einmal neu verfassen. Es könnte gut geschehen, dass viele Einzelheiten hinzukämen und dem Ganzen eine tiefere Liebe gäben.

So möchte ich dich für eine kleine Weile mit in die Leichenhalle nehmen, den Ort, an dem ich den toten Körper meines Papas zum letzten Mal sah. Es mag dir merkwürdig erscheinen; so ein seltsamer Ort, um seine Leser dorthin mitzunehmen. Doch wie gesagt, es war nicht geplant, soll aber wohl so sein.

Es war ein sehr heißer Dienstagnachmittag. Mir war unbeschreiblich schwer, ein Zustand, den ich kaum beschreiben kann. Meine Frau und meine damals einjährige Tochter warteten draußen auf mich und gingen derweil in einer schattigen Parkanlage spazieren, um sich die Zeit zu vertreiben.

Wir wurden in jenem Jahr recht intensiv mit dem Tod konfrontiert. Wenige Monate vor Papas Tod starb mein bester Jugendfreund, und vier Monate, nachdem Papa gestorben war, entgingen meine Frau und meine Tochter nur knapp dem eigenen Tod, während eine Freundin von uns dabei ihr Leben verlor. Wenige Wochen nach diesem Unfall starb meine Oma (die Mutter meiner Mama). Wir wurden von Verlusten und Schmerz hin und her gestoßen. Es kam mir fast vor wie bei einer, allerdings freudlosen, Fahrt im Autoskooter. Von sämtlichen Seiten kamen die Zusammenstöße und man konnte kaum noch reagieren.

Gut, dass wir nicht wissen, was morgen oder später kommt. Mit einem Blick in die Zukunft wäre ich an diesem 13. Juli 2010 zerbrochen. Es ist gut, sich nur um das Heutige zu kümmern. Jesus wusste genau, warum er uns dies einst ans Herz legte.[1]

Wie mir die Ärztin berichtet hatte, war Papa an diesem Tag um 2.15 Uhr morgens gestorben. Er war einfach friedlich eingeschlafen und im Himmel wieder aufgewacht.

Als meine Tochter noch sehr klein war, schlief sie öfters im Wohnzimmer ein. Später trug ich sie dann in ihr Zimmer und legte sie behutsam in ihr Bettchen. Am Morgen danach wunderte sie sich stets, wie sie da hingekommen war: „Papa, ich bin doch auf dem Sofa eingeschlafen. Warum wache ich in meinem Bett auf?", fragte sie mich dann völlig erstaunt. Stets konnte ich sie dann beruhigen, indem ich ihr zuflüsterte: „Ich habe dich hingetragen."

---

[1] Sorgt euch also nicht um das, was morgen sein wird! Denn der Tag morgen wird für sich selbst sorgen. Die Plagen von heute sind für heute genug! (Mt 6,34 NeÜ).

Ich bin mir sicher, so war es auch bei meinem Papa. Unser himmlischer Papa hat ihn an einen anderen, wunderschönen Ort getragen, an den Ort, an dem alle seine Sehnsüchte gestillt wurden und alle seine Wunden heilten.

Mit diesem Wissen ging ich nun in das Gebäude, wo sein toter Leib aufgebahrt lag. Ein freundlicher Herr kam auf mich zu und gab mir zu verstehen, dass es noch ein paar Minuten dauern würde. Minuten der „Ewigkeit". Ich konnte es kaum erwarten, ihn zu sehen. Schon seltsam, als mein Papa lebte, war ich ihm jahrelang aus dem Weg gegangen, und jetzt, wo er tot war, bereute ich das alles und sehnte mich danach, wenigstens seine leblose Hand zu halten.

Dann kam der freundliche Mann wieder und teilte mir mit, ich könne jetzt hineingehen und mir alle Zeit der Welt nehmen. Schweren Herzens betrat ich den Raum. Es herrschte eine andächtige Stille. Ja, totenstill war es. Im Hintergrund war eine sanfte, beruhigende Melodie über einen Lautsprecher zu hören.

Ich hatte nur Augen für meinen Papa. Da lag er, nur noch wenige Meter von mir entfernt. Meine Tränen warteten, bis der freundliche Mitarbeiter uns allein gelassen hatte. Als Papa und ich alleine waren, schossen sie mir aus den Augen.

Da lag er völlig friedlich vor mir in einem Sarg aus hellem Holz. Er hatte eines meiner kurzärmligen Hemden an und die Hände gefaltet. Ja, als ich ein Kind war, hatte er sogar manchmal mit mir gebetet und auch damals die Hände gefaltet; und nach unserer Versöhnung hatte er dies auch immer wieder getan: Hände falten und beten. Die Hände zu falten ist wohl nicht biblisch, aber ein Ausdruck dafür, sich jetzt auf Gott zu konzentrieren und nichts anderes zu tun. Das passte. Papa konzentrierte sich jetzt nur noch auf Gott. Schon kurz nach unserer Versöhnung war er immer mehr diesen Weg auf Gott zu gegangen. Mit seinem Sterben wurde vollendet, was aus Liebe begonnen hatte. Nun war er für alle Ewigkeit in Gottes guten Händen geborgen. Er war am Ziel.

Ein unfassbarer Friede lag auf seinem Gesicht. Ich weinte und fing an, ihn zu streicheln. „Ich liebe dich Papa", flüsterte ich immer und immer wieder.

Ich legte meinen Oberkörper auf seinen. Ich konnte sein Rasierwasser riechen. Ja, wenn ich meine Augen schließe, rieche ich es heute noch. Sein Herz hatte für immer aufgehört zu schlagen. Ich konnte es nicht mehr hören. Als Kind hatte ich manchmal auf Papas Bauch liegen dürfen. In diesen Augenblicken nannte er mich „Miggi".

Miggi lauschte oft an Papas Brust, wie sein Herz schlug. Der Mann, als der ich an diesem Dienstagnachmittag Abschied nahm, war weder der Gewaltpräventionsberater noch der Trainer für Selbstverteidigung noch der ehemalige Bodyguard. Nein „Miggi" war da, um „Auf Wiedersehen" zu sagen. „Miggi", der so oft weg gewesen war, der zornig und bockig gewesen war.

Ich bewunderte meinen Papa. Er war vier Tage vor seinem 69. Geburtstag gestorben und hatte kein einziges graues Haar. „Wie schön deine Haare sind", flüsterte ich ihm zu. Und dann sah ich kleine Verletzungen auf seinen Unterarmen neben seinen Tätowierungen. Auf einem Unterarm waren ein Herz und ein Anker zu sehen. Sein Herz gehörte Jesus, und in dieser Liebe waren die beiden fest miteinander verankert. Irgendwo schien er sich verletzt zu haben. „Papa, hast du dich verletzt oder hat dir jemand weh getan?", fragte ich flüsternd und ohne eine Antwort zu erwarten. Traurig, als Papa noch lebte, teilte ich ihm nie meine Bewunderung für seine Haare mit, noch fielen mir kleinere „Wehwehchen" bei ihm auf, bzw. sprach ich ihn jemals darauf an.

Ich war über eine Stunde bei ihm und flüsterte mir alles von der Seele. Tausend Mal bat ich ihn um Vergebung und unzählige Male flüsterte ich ihm meine Liebe zu.

Irgendwann, nach dem ich keine Tränen mehr hatte, hielt ich noch einmal seine Hände, streichelte ihn ein letztes Mal und sprach leise: „Ich gehe nun Papa. Vergiss nie, wie sehr ich dich liebe! Bitte sag Jesus von mir, dass ich ihn liebe. Also Papa, bis bald, wir sehen uns wieder, ich hab' dich so lieb – dein Miggi."

So verließ ich den Raum und drehte mich immer wieder um, um ihn noch einmal und noch einmal zu sehen, nur noch einen kleinen Blick zu erhaschen. Irgendwann schwang die Tür hinter mir zu. Eines Tages wird eine andere Tür aufgehen und wir werden uns wiedersehen – bei dem, an den wir beide glauben, bei dem, der uns unsere Versöhnung schenkte.

Wir werden dann für immer bei Jesus sein. Wir werden toben und lachen und nie mehr voneinander Abschied nehmen. Nie mehr werden wir durch Verletzungen, Schmerzen, Mauern und Türen getrennt sein. Wir werden dann zu Hause sein. Derweil flüstere ich die Wunder, die wir aus Gottes Hand erleben durften, in diese Welt.

Nun lehne ich mich entspannt in meinem Schreibtischstuhl zurück. Meine Augen sind mit Tränen gefüllt. Es war gut, dieses Kapitel zu schreiben. Ein tiefer Friede umgibt mich. Manchmal muss man gegen alle menschlichen Überzeugungen Dinge tun und Wege gehen, die den Verstand übersteigen, weil unser Herz uns dazu drängt.

Nun schaue ich aus meinem Fenster zum Himmel hoch und spüre eine tiefe, innige Liebe und einen Frieden, den mir diese Welt nicht geben kann. Mir ist, als würde mir eine himmlische Stimme in meinem Herzen zuflüstern: „Ich liebe dich, Miggi!"

Kapitel 7

Gästeflüstern

Was mich an der Bibel so sehr berührt, ist, dass sie voller Lebensgeschichten steckt. Sie berichtet auch von Zweifeln, Ängsten, Schuld und Versagen. Sie ist da ganz offen – kein Verstecken wie damals bei Adam, der sich hinter einem Busch verbarg. Die Bibel lässt das Unangenehme nicht weg, sondern gewährt einen offenen Einblick in die Herzen der Menschen und sogar in das Herz Gottes selbst.

Ein Mann erzählte mir einmal, dass die Bibel aus ca. 70 Prozent Lebensgeschichten besteht und dass das Wort „Herz" ca. 900-mal darin vorkommt. Ich glaube, darum geht es, um das Leben und das Herz. Um Lebensgeschichten, die von Herzen erzählt werden. Deshalb habe ich in einigen meiner Bücher immer wieder andere Menschen ihre Geschichte erzählen lassen. Und so gewähren uns einige Autorinnen und Autoren nun auch in diesem Buch kleine und große Einblicke in das Flüstern, welches ihre Herzen zutiefst berührte und auch so manche Träne fließen ließ.

Spontan muss ich an ein besonders Gespräch, ja Flüstern eines Freundes denken, dessen Frau eine schreckliche Diagnose bekam. Oft tun wir Männer uns so schwer damit, über unser Herz und unsere Gefühle zu sprechen. Umso dankbarer bin ich, wenn Männer ihre Herzen zeigen, so wie einst einer meiner Freunde, der selbst Arzt ist. Hier seine Zeilen an mich und für euch alle:

Ich durfte flüstern, weil ich nicht schreien konnte

von Dr. Michael Blessing

Meine Frau erkrankte im September 2018 zum dritten Mal an Krebs. Dies war mitten in unserer Ausbildung zum MSE-Trainer bei Michael Stahl in Bopfingen. Für mich brach eine Welt voller Freude, Wohlstand und allem, was ich mir als Mensch wünschen konnte, zusammen. Ich war bitter enttäuscht und auch verärgert über Gott, da ich der Meinung war, wir hätten doch nun genug ertragen. An einem Trainings-Wochenende kam Michael Stahl auf mich zu und fragte mich, warum ich so bedrückt aussehe und was mit mir los sei.

Ich sagte ihm auf dem Schlossberg, mitten in der Ruine, alles, was mein Herz bewegte. Ich konnte Dinge aussprechen, die ich mich als Christ normalerweise nicht traute, laut auszusprechen – Anklagen gegen Gott und die große Frage: „Warum lässt du das zu?" Innerlich war ich am Platzen und Explodieren, und so war es für mich ein Segen, dass ich das ausflüstern durfte. Danke lieber Michael!

Aus Michaels Flüstern wurde viel, viel mehr. Dieses Flüstern teilte er an einem Lehrgang unseres Verbandes sogar mit über 100 Teilnehmenden – durch sein Flüstern wurden viele berührt.

So hoffe ich nun, dass auch in diesen Texten durch unser aller Flüstern viele weitere Herzen angesprochen werden.

Kapitel 8

Ein Hauch von Liebe

Von Uwe Beck

Ich heiße Uwe, bin 56 Jahre alt – und an manchen Tagen immer noch ein Kind ...

Angst war in der Kindheit mein ständiger Begleiter. Ich konnte nicht einmal genau sagen, vor was ich eigentlich Angst hatte. Sie war einfach immer da, seit ich denken kann, und das, obwohl ich im Grunde genommen in einer sehr schönen Zeit aufwuchs; alles, *fast* alles, hatte seine Ordnung. Im Haus meiner Großeltern, in dem ich geboren wurde, erlebte ich Harmonie und Familie, bis auf …

… den nicht so rosigen Teil: Zwischen meiner Mama und meinem Papa gab es sehr viele Streitereien – gefühlt eigentlich immer. Das belastete mich sehr. Ich war zu jung, um einschätzen zu können, was da passierte, und empfand es als Bedrohung, wenn es auszuarten schien.

Das abendliche Einschlafen war ein Kampf, da ich vor lauter Wachbleiben-Wollen (um, falls nötig, meiner Mama zu Hilfe kommen zu können) keine Ruhe fand! Oft schlief ich nur unter Tränen und Angst ein.

Starke Nervosität mit Panik- und Schwitzattacken, begleitet von Nägelkauen – das alles war für eine normale Entwicklung und ein gutes Selbstwertgefühl nicht die beste Voraussetzung! Meine Tage waren vernebelt von der ständigen Angst, auf dem Nachhauseweg von der Schule das Auto meines Papas vor der Kneipe zu sehen, mit der Aussicht auf den Stress, der darauf am Abend zuhause folgen würde.

Mein großes Vorbild in dieser Zeit war mein Onkel Hermann, selbst Papa von drei Kindern, der mich immer wieder zu Faustball- turnieren mitnahm, und ich wünschte mir nichts sehnlicher als so einen Papa.

Die Jahre vergingen und ich wuchs auf, ohne je die Liebe meines Papas zu spüren, ... nein, das stimmt nicht ganz, denn tief drinnen spürte ich seine Liebe zu mir; doch leider konnte er sie mir damals nicht zeigen. Ich hatte ihn insgeheim sehr lieb, und gleichzeitig wünschte ich oft, dass er nicht da wäre – es war ein Wechselbad aus Liebe und Furcht!

Ich hatte auch Angst, Freunde mit nach Hause zu bringen, ge- schweige denn ein Mädchen, denn ich wusste nie, in welcher Ver- fassung mein Papa heimkommen würde und wie sehr ich dieser nicht kalkulierbaren, für mich äußerst peinlichen Situation ausgelie- fert wäre.

Mir fehlte komplett das Selbstbewusstsein, was sich auf ziemlich alle Vorhaben auswirkte und ein Versagen nach dem anderen in sämtlichen Lebenssituationen förmlich anzog. Einzig und alleine der Sport war meine Leidenschaft, denn da konnte ich die Anerkennung der Menschen gewinnen. Fußball war meine große Leidenschaft, und wie stolz war ich, im Verein spielen zu dürfen. Doch auch hier- bei war die Versagensangst so groß, dass ich auf dem heimischen Bolzplatz gefühlt zwei Klassen besser spielte als vor Zuschauern, vor denen ich mich ja blamieren konnte.

So suchte ich, nach einer Lehre als Industriemechaniker mit an- schließender Ausbildung in einer Technikerschule, mein Heil in Sportarten, in denen es auf mich selbst und auf meine eigene Leistung ankam und ich nicht von einer Mannschaft abhängig war. Ich machte daher alles sehr exzessiv, vom Bodybuilding über Marathonlaufen bis zum Selbstverteidigungstraining, in welchem ich bis heute aktiv bin.

Doch was blieb, war meine Sehnsucht nach einer harmonischen Familie, insbesondere nach einem Papa, der mich in den Arm nimmt und mir auch seine Wertschätzung zeigt. Insgeheim – und das merkte ich – war mein Papa stolz auf mich. Jedoch konnte er es nie sagen. Und manchmal hatte ich das Gefühl, je mehr ich erreichte, desto mehr schien es ihn in seiner Selbstreflexion zu belasten. Möglicherweise kämpfte er mit seinem eigenen Minderwertigkeitsbewusstsein.

Ich wusste und weiß leider nichts über Papas Jugend bzw. seine Erlebnisse und Erfahrungen, die ihn zu dem gemacht hatten, was er war. Im Grunde genommen war er ein gutmütiger und begabter Mann. Leider ließen ihn seine Lebensumstände und Gewohnheiten im Dilemma stecken; und es herrschte, bis auf wenige Ausnahmen, ständiger Streit zwischen meinen Eltern.

Mama gab mir sehr viel Liebe, und sie war mein Ein und Alles. Alleine der Gedanke, dass ihr etwas passieren könnte, versetzte mich in Angst und Schrecken.

Entsinnen kann ich mich an einen sehr emotionalen Abend, an dem ich nach Hause kam und Mama nach einem heftigen Streit bereits zu Bett war. Ich war verzweifelt und am Ende meiner Kräfte, ständig Angst haben zu müssen. Ich setzte mich neben meinen Vater: „Warum tust du uns das an, Papa?" und legte meinen Arm um seine Schulter. „Was ist denn los?" Er legte seinen Arm um meinen, und wir weinten beide. „Wenn du wüsstest …", seine Worte ließen mich viele ungesagte Dinge ahnen; zumindest wusste ich, dass vieles unausgesprochene auf seiner Seele lastete. Wäre es ein paar Jahre später gewesen, hätte ich mit meinem Papa gebetet; aber zu der Zeit war ich noch weit weg von der Heilsbotschaft[1].

Ich suchte damals mein Heil in der Esoterik und verstrickte mich tief darin. Ich musste einen hohen Preis dafür zahlen, bis ich wieder aus dieser todbringenden Nummer herauskam. Zum Glück hatte einer bereits für meine Schuld bezahlt: mein Heiland und Retter, Jesus Christus, von dem ich zuvor zwar gehört, ihn aber noch nicht angenommen hatte. Als ich das später tat, wurde *er* mein „Heil", d. h. er rettete mich und machte mich wieder ganz.[2]

Als mein Papa mit 57 in den Vorruhestand kam, stellte man bei ihm einen bösartigen Tumor am Kehlkopf fest. Die ganze familiäre Situation änderte sich schlagartig, als er (den ich trotz aller traumatischen Erlebnisse als meinen Helden ansah, neben dem ich am Stammtisch beim Kartenspiel oder bei nächtlichen Boxkämpfen sitzen durfte) nun plötzlich hilfsbedürftig war!

---

[1] Jesus sagt: „Kommt her zu mir alle, ihr Mühseligen und Beladenen! Und ich werde euch Ruhe geben" (Mt 11,28).

[2] „Jedoch unsere Leiden, er hat sie getragen, und unsere Schmerzen, er hat sie auf sich geladen" (Jes 53,4) – der Prophet Jesaja redet hier vorausschauend von Jesus.

Es war trotz dieser Horrordiagnose die friedvollste Zeit in unserer Familie, da wir uns innig um Papa kümmerten und er aufgrund der Krankheit alte Gewohnheiten abgelegt hatte. Ich organisierte sämtliche Therapiemöglichkeiten und tat alles, um meinen geliebten und nun so schutzbedürftigen Papa bestmöglich zu unterstützen. Jedoch breitete sich der Krebs rasch aus. Eine Bestrahlung am Kehlkopf wurde nötig und er musste sich einer Chemotherapie unterziehen.

Da er durch die Bestrahlung nicht mehr schlucken konnte, wurde unterhalb des Kehlkopfes eine Kanüle gesetzt, welche alle paar Stunden, auch nachts, herausgezogen werden musste, um mit einem Absaugschlauch den unterhalb des Kehlkopfes festsitzenden Blutschleim abzusaugen. In all dieser Zeit hörten wir nicht einmal ein Klagen oder Jammern von ihm; er trug das ganze Leid mit sich selbst aus.

Als dieser Krebs sich mittlerweile auch auf die Lunge ausdehnte, musste Papa ins Krankenhaus. Aber er durfte am 24. Dezember 1992, also Heiligabend, wieder nach Hause – vermutlich, weil man medizinisch nichts mehr machen konnte.

Stumm liefen ihm beim Weihnachtsliedersingen die Tränen aus den Augen (und mir gerade beim Schreiben dieser Zeilen auch). Er wusste, dass dies wohl das letzte Weihnachtsfest sein würde.

Wir waren alle am Ende unserer Kräfte, müde und ausgelaugt! Nun ging es steil bergab, und Papa kam bereits am nächsten Tag wieder in die Klinik. Wir wechselten uns bei den Besuchen ab, sodass immer jemand bei ihm war.

Entsinnen kann ich mich noch an den Tag, als er mühevoll sagte: „Ich will nicht mehr!" Von da an wurde sein Blick trüb, als hätte er dem Körper Befehl gegeben, mit dem Leben aufzuhören. Er war zu erschöpft, um weiterzukämpfen.

Am 29. Dezember 1992 besuchten Mama und ich Papa nochmals in der Klinik. Ich vergesse das nie, wir kamen in ein Sterbezimmer; gekachelte, kalte Wände, gedämpftes Licht. Wir waren zu kaputt, um zu erkennen, dass dies der Abschiedsabend sein würde. Wie benebelt beugte ich mich an diesem Abend über meinen Papa und gab ihm einen Kuss auf die Wange. Sein Blick war leer, und er schien bereits weit weg zu sein.

Tief deprimiert, müde, ausgelaugt und erfüllt mit Schmerz ging ich vom Bett Richtung Tür. Aber eine innere Stimme sagte mir: *Schau zurück!* Ich ging also zurück zum Bett meines Papas und beugte mich über ihn. Plötzlich drehte er seinen Kopf zu mir und sein Blick wurde noch einmal klar. Reden konnte er nicht mehr; die Kraft fehlte diesem ausgezehrten Körper. Aber er „hauchte" mir seine Liebe und seine ganze Last zu, die er getragen hatte und nie davon sprechen konnte. Es waren keine Worte des Mundes, sondern ein Flüstern vom Grund seines Herzens – und ich verstand JEDES unausgesprochene Wort, das er mir sagte. Mir war plötzlich glasklar, dass er sein Leben angesichts seiner Last bestmöglich gelebt und es nicht anders gekonnt hatte.

Mit Tränen in den Augen sah ich ihn an und sagte ihm, dass ich alles verstanden habe und alles okay sei. Es schien, als fiele eine Last von ihm ab. Mit dieser letzten Kraft, die mein Papa aufbringen konnte, hatte mir sein Herz seine ganze Liebe und die Erklärung für alle Dinge zugehaucht. Es waren die liebevollsten Worte und der schönste Liebesbeweis, welche man von einem Papa empfangen konnte, …

In dieser Nacht ging Papa heim; wir bekamen um 4.00 Uhr in der Früh die Nachricht von der Klinik.

Die Sprache des Herzens sagt manchmal mehr als tausend Worte. Ich habe diese Sprache bzw. den Liebesbeweis meines Papas eindeutig gehört und habe ihn unsäglich lieb!

In Sprüche 27,19 (LUT) heißt es:

Wie sich im Wasser das Angesicht spiegelt, so ein Mensch im Herzen des anderen!

Kapitel 9

Achtung Ansteckungsgefahr

Von Bernie Schlott

In dieser Zeit hören wir viele Worte, die oft sehr bedrohlich klingen. Die Gabe des Herzflüsterns kann jedoch sehr ansteckend sein und in den scheinbar kleinen Dingen unseres Lebens Großes bewirken. Bei diesem Flüstern redet der Heilige Geist in unser Herz hinein. Unser menschliches Denken ist dabei oft hinderlich, weil wir verlernt haben, auf diese leisen Töne in unserem Herzen zu hören.

Meine Geschichte berichtet davon, wie Gottes Flüstern in meinem Herzen zu einem regelrechten Aufschrei in der düsteren unsichtbaren Welt führte und so auch größere Konsequenzen in meinem Leben hatte.

Mein Freund Michael Stahl fragte mich Mitte 2019, ob ich einen Beitrag für sein neues Buch *Wahrhaft frei* schreiben könne. Er hörte Gottes Reden durch ein Flüstern in seinem Herzen, und dieses war sehr ansteckend für mich. Ich spürte, wie Gott zu mir sprach, und mir war sehr schnell klar, über was ich schreiben wollte. In meiner Geschichte ging es um die Gnade Gottes, um tragische Ereignisse, menschlichen Zerbruch und Vergebung. Ich ahnte da noch nicht, dass meine Geschichte und das gesamte Buch eine regelrechte Ansteckungswelle von Herzflüstern bei mir und verschiedenen Menschen auslösen würde.

Kurz nachdem ich meine Geschichte 2019 fertig geschrieben und an Micha abgeschickt hatte, wurden mein Sohn Flurin und ich mit dem Auto in eine schwere Massenkarambolage verwickelt. Durch ein Wunder blieben wir beinahe unverletzt – eigentlich hätten wir dort auch sterben können.

Dann verlor ich im Herbst 2019 meine Arbeitsstelle. Wir hatten deswegen große finanzielle Sorgen und erlebten, wie Gott in die Herzen von Menschen sprach, um uns zu helfen. Gott versorgte uns und wir erlebten wiederum manches Wunder. Es bewegte mich außerordentlich, die Liebe Gottes dahinter zu entdecken.

Ein Freund und Musiker aus Schweden, den ich kurz nach meinem Arbeitsplatzverlust traf und der eine ähnliche Geschichte wie ich erlebt hatte, war der Erste, der mich beschenkte und mir an dem Konzertabend einen Teil seiner Gage schenkte. Seine Fähigkeit, auf sein Herz zu hören und auch danach zu handeln, beeindruckte mich zutiefst. Gottes Liebe war spürbar, als er mich im Gebet segnete. Meine Tränen waren dort Tränen der Dankbarkeit.

Ich hatte eine gute Arbeitsstelle verloren und schien nun plötzlich ein Niemand zu sein. Ich musste manchen Menschen mitteilen, dass ich nun „arbeitslos" sei – eine Bezeichnung, die ich nie tragen wollte. Gott forderte mein Vertrauen zu ihm. Er flüsterte regelmäßig in dunklen Stunden in mein Herz hinein. Ich spürte dabei immer wieder seine Liebe, und er nahm mir die Angst vor der Zukunft. Wieder einmal mehr in meinem Leben hatte ich nichts mehr selbst im Griff, und Gott führte mich in seine totale Abhängigkeit (die einen wahrhaft frei macht). Es schien, als ob ich für sein Herzflüstern in dieser Zeit empfänglicher war als zuvor, als ich noch alles im Griff zu haben schien.

Das Buch *Wahrhaft frei* erschien im Dezember 2019, und eine Segenswelle begann! Unsere Dorfpfarrerin Sarah, mit der mich eine herzliche Freundschaft verbindet, fragte mich, ob ich mir vorstellen könne, Anfang 2020 an einem Jugendgottesdienst zum Thema „Wahrhaft frei" als Interviewpartner teilzunehmen. Begeistert sagte ich zu und spürte, dass da wohl Herzen berührt werden könnten.

Wochen vor dem Gottesdienst berichtete mir mein Sohn von einem Freund, der mit dem christlichen Glauben nichts am Hut hatte. Dieser hatte geträumt, dass ich ihn in die Arme nehmen und für ihn beten würde. Ich folgte dem Flüstern meines Herzens und lud den Freund meines Sohnes in den Gottesdienst ein. Normalerweise setzte er keinen Fuß in die Kirche. Ich glaubte eigentlich kaum daran, dass er kommen würde.

Unsere Pfarrerin Sarah hatte auf dem Herzen, 50 der *Wahrhaft frei*-Bücher im Gottesdienst zu verschenken. Sie hatte die Einstellung, dass sie es privat bezahlen würde, falls die Kirchgemeinde den Betrag nicht übernähme. Kurz darauf fand sie einen anonymen Umschlag mit Geld darin in ihrem Briefkasten, durch den die Kosten der Bücher gedeckt wurden. Hier hatte Gott wohl in das Herz eines Menschen hineingeflüstert, um ein berührendes Zeichen zu setzen. Ich selbst bestellte in dieser Zeit ebenfalls 50 Bücher.

Der Gottesdienst rückte näher und es war eine umkämpfte Zeit: Bei der Post verschwundene und dann wieder aufgetauchte Bücher, außerdem Probleme in Beziehungen und Selbstzweifel.

Ich sagte der Pfarrerin kurz vor dem Gottesdienst, dass ich sicherheitshalber noch meine 50 Bücher mitbringen würde, falls ihre 50 nicht ausreichten. Eigentlich konnte ich mir kaum vorstellen, dass genau dieser Fall eintreten würde.

Der Jugendgottesdienst war kurz vor dem Start und die Kirchenbänke füllten sich. Ich sah Nachbarn aus dem ganzen Dorf, die ich noch nie im Gottesdienst gesehen hatte – und ich sah den Freund meines Sohnes. Mein Herz war tief bewegt.

Das Interview der Jugendlichen mit mir begann, und der Heilige Geist sprach in mein Herz. Es drang nach außen, und ich konnte von der Liebe von Jesus Christus zu uns Menschen erzählen und von dieser großen Gnade, dass ich an ihn glauben darf. Ich berichtete von den schlimmen Erlebnissen in meinem Leben und auch davon, als ich vor dem Kreuz vor Jesus Christus zerbrach. Ich sah viele Menschen im Raum, die Tränen in den Augen hatten – auch der Freund meines Sohnes. Gott flüsterte in dieser schönen alten Kirche in die Herzen.

Am Ende des Gottesdienstes hatten die Menschen die Möglichkeit, ein Exemplar des Buches *Wahrhaft frei* abzuholen. Es gingen sowohl die 50 Bücher der Pfarrerin als auch meine 50 weg. Ich durfte vielen einen persönlichen Segenswunsch hineinschreiben und Menschen umarmen, die ich noch nie umarmt hatte.

Dann kam der Freund meines Sohnes zu mir. Ich spürte, dass nun der Zeitpunkt da war, um für ihn zu beten und ihn nochmals zu umarmen. Berührt und mit Tränen in den Augen standen wir beide da.

Ein Herzflüstern hat eine so große positive „Ansteckungsgefahr" für alle, die davon betroffen sind. Wenn der Heilige Geist zu uns spricht, werden Dinge passieren, die wir uns nicht vorstellen können. Auch wenn unser Leben in einem Scherbenhaufen zu liegen scheint, wird Gott Großes in und durch uns bewirken, weil er der Herzflüsterer schlechthin ist.

Ein Gedanke noch zum Schluss: Mein Freund Les Carlsen von der Metalband „Bloodgood" unterbrach vor Jahren während eines sehr schnellen Heavy-Metal-Stücks abrupt das Konzert. Alle im vollen Konzertsaal erstarrten. Leise flüsterte er ins Mikrofon: „Nur über die Stille findet ihr zu Gott."

Ich wünsche uns diese Stille, damit wir das Herzflüstern des Heiligen Geistes immer besser hören und verstehen lernen – auch und gerade in diesen Zeiten!

Kapitel 10

Endlich Sohn

Von Holger Zielonka – Heilerziehungspfleger

Ich bin mit meinem Zwillingsbruder und zwei Halbgeschwistern bei meiner Mutter aufgewachsen, die uns meist allein erzog. Mein Vater war zwar der Erzeuger, jedoch hatten er und meine Mutter nie eine Beziehung bzw. waren nie zusammen. Eine kurze Zeit lebte der Vater meiner beiden Halbgeschwister bei uns, bis sich meine Mutter und er nach Alkohol- und Gewaltexzessen wieder trennten. Somit wurde ich ohne Vater oder männliche Bezugsperson groß.

Im Alter von 21 Jahren zog ich dann von zu Hause aus. Ich wusste all die Jahre zwar, dass ich irgendwo einen Papa habe und wohl auch noch eine Halbschwester, jedoch hat mich das nie wirklich interessiert. Ich wusste einfach nicht, wie es sich anfühlt, einen Papa zu haben. So musste ich früh erwachsen werden, habe Verantwortung für die Familie übernommen und mich für alle verantwortlich gefühlt, wofür ich eigentlich zu jung war.

Eines Morgens dann wachte ich auf und konnte den ganzen Tag an nichts anderes mehr denken als an meinen Papa und meine Halbschwester. Das war so seltsam und intensiv, dass es sich die ganze Zeit in den Vordergrund drängte. Am nächsten Tag rief mich mein Zwillingsbruder an und erzählte mir, dass es ihm genauso ginge. Einen weiteren Tag später lag ein Brief von unserer Halbschwester im Briefkasten. Wir waren baff! Heute weiß ich, Gott hatte uns drei unabhängig voneinander vorbereitet und zusammengeführt! In den nächsten Wochen durfte ich dann meine Halbschwester und meinen Vater kennenlernen. Es war sehr bewegend! Seither sehen wir uns drei- bis viermal im Jahr und es ist immer schön, insbesondere auch wegen seiner Enkel ;-)

Doch ich spürte immer mehr, dass man eine nie dagewesene bzw. aufgebaute Beziehung nicht einfach so nachholen kann. Der Kopf sagte zwar: „Das ist mein Papa", aber emotional ließ es mich eher unberührt. Es fiel mir immer schwer, „Papa" zu ihm zu sagen. Wir können uns zwar in den Arm nehmen, haben denselben Humor usw., aber irgendwie ist da eine gewisse Distanz zwischen uns.

Am 22. November 2020 besuchte ich einen Gottesdienst, in dem Michael Stahl einen Vortrag hielt. Und ich war so bewegt von seinen Worten! Sie berührten mein Herz, wie schon so oft!

Am selben Tag hatte mein Papa seinen 77. Geburtstag. Auch ich hatte ihm bis zu diesem Zeitpunkt noch nie gesagt, dass ich ihn liebhabe, so wie es Michael von sich selbst erzählt hatte. Aber nun hatte ich ein Drängen in mir, es ihm zu sagen, dank Michaels Worten!

Also entschloss ich mich, ein kurzes Geburtstagsvideo für ihn zu machen, da wir uns nicht persönlich sehen konnten. In diesem Video habe ich dann nach den Glückwünschen meinen ganzen Mut zusammengenommen (es war nicht ganz leicht) und ihm gesagt, dass wir zwar nie eine richtige Vater-Sohn-Beziehung gehabt hätten und man auch nichts mehr nachholen kann, aber im Hier und Jetzt das Beste daraus machen kann. Und dann kam es aus mir heraus – meine Stimme wurde immer leiser, ich konnte es wirklich nur flüstern: „Papa, ich möchte dir von ganzem Herzen sagen: ICH HAB' DICH LIEB!"

In diesem Moment war es, als würde ein Damm in mir brechen. Ich musste losheulen und hatte zum ersten Mal in meinem Leben das Gefühl, endlich Sohn zu sein, was ich ja bisher nie kannte! Ich fühlte mich wie ein kleiner Junge! Es war einfach unbeschreiblich aber auch sehr befreiend!

Seither fühlt sich mein Herz ganz weich an! Es ist so schön, wenn Gott Heilung schenkt. Ich möchte die Zeit, die mir und meinem Papa noch bleibt, nutzen und es ihm immer wieder sagen und zeigen!

Ich bin so dankbar, dass ich im Jahre 2000 Frieden mit Gott schließen und meinen himmlischen Papa kennenlernen durfte, der immer da war, der jetzt gerade bei mir ist (schon wieder laufen die Tränen) und auch immer für mich da sein wird! Diese Liebe ist nicht in Worte zu fassen!

Kapitel 11

Ein Abschied von Herzen

Von Dr. Klaus Hettmer – Tiefenpsychologe

Als mich Michael bat, einen kleinen Beitrag zu diesem wertvollen Buch zu schreiben, war ich sehr dankbar, und mir kam sofort der Abschied von meinem Vater im August 2020 in mein Herz, der viel zu schnell mit 84 Jahren aus unserer Familie gerissen wurde.

Während ich diese Zeilen schreibe, wird mein Herz zutiefst berührt und spürt wieder diese tiefe Trauer um meinen Vater, dem ich wohl viel zu selten in meinem Leben gesagt habe, wie sehr ich ihn liebe und wie dankbar ich ihm bin.

Der Leidensweg meines Vaters ging über etwa ein halbes Jahr, und als wir zwischen Hoffen und Bangen immer mehr erkannten, dass es wohl dem Ende zugeht, konnten wir es als Familie einerseits nicht fassen, andererseits wollten wir alle (wir drei Geschwister und meine Mutter), dass er nicht mehr länger leiden müsse.

Ich kann mich noch gut erinnern, wie ich vor einigen Jahren an den mit Sicherheit irgendwann kommenden Abschied dachte und mich das damals schon ein wenig traurig stimmte. Aber als es schließlich wirklich dazu kam, war mein Herz zutiefst geschockt und auch wütend, dass er nicht mehr da war.

Unser Herz ist nicht für Abschiede gemacht ...

... dieser Satz kam mir immer wieder in den Sinn und fühlte sich ob des schweren Verlustes so grausam wirklich an.

Das Erste, was mir in den Sinn kam, als ich erkannte, dass mein Papa wohl sterben würde, war Dankbarkeit! Ich war so unendlich dankbar, dass es ihn gab, wie er als Vater und Ehemann war und was er alles für uns Kinder getan hatte.

Man würde meinen Vater und meine Mutter unter die „einfachen Leute" rechnen. Sie führten 60 Jahre eine glückliche Ehe und lebten füreinander und für uns Kinder. Das war ihr Glücks- und Eherezept! Und das wollte ich von ihnen lernen.

An dieser Stelle möchte ich, wenn du erlaubst, eine kleine Biografie meines Vaters einfügen:

Geboren wurde er als Ältester von vier Brüdern und einer Schwester im ehemaligen Sudetenland. Seinen Vater hat er mit zwölf Jahren das letzte Mal gesehen, da dieser im Krieg als vermisst gemeldet wurde. Gegen Ende des Krieges musste die Familie flüchten und wurde in Viehwagen nach Bayern transportiert. Auch damals waren Flüchtlinge nicht willkommen und mussten schwer arbeiten, um ihren kargen Lebensunterhalt zu verdienen.

So ging mein Vater mit 14 Jahren von der Schule ab und begann eine Ausbildung zum Zimmerer. Später, mit 19, baute er mit seinen Händen unser Elternhaus für seine Mutter und die Geschwister.

Schon von Jugend an musste er seine eigenen Interessen hintenanstellen und war der Vaterersatz für seine Geschwister, nebenbei aber nicht so geliebt von seiner Mutter. Als er dann heiratete und eine eigene Familie gründete, war er wieder nur für uns und andere da, zeitlebens. Und dabei war er immer gütig, ruhig, ausgeglichen und sehr liebevoll. Heute weiß ich, dass sein tiefer, innerer Glaube ihm dabei geholfen hat. Ein Leben im Dienste der Familie und des Glaubens, so könnte man es beschreiben. Und dennoch waren seine eigenen Sehnsüchte nicht gestillt, was ich einst in einem Vater-Sohn-Gespräch erfahren durfte.

Tiefe Dankbarkeit – das ist der Schatz in meinem Herzen, den er mir und uns allen hinterlassen hat. Und er war ein Vorbild an Liebe und liebevoller Männlichkeit für mich.

Als der Pfarrer auf der Beerdigung predigte, sprach er von drei Dingen, die wir angesichts solch eines Verlustes erleben: Trauer, Dankbarkeit und Hoffnung! Das kann ich nur bestätigen. Und die Hoffnung bezieht sich auf ein Wiedersehen und darauf, dass er nun in den Armen seines geliebten Jesus liegen darf und alle Mühsal und Arbeit ein Ende hat.

Leise Abschiedsworte

Beim Schreiben dieser Zeilen kommen mir immer wieder fast die Tränen, und dennoch gibt es auch etwas Tröstliches. Und das ist die Gewissheit der tiefen Liebe und Herzensbeziehung, die sich im Angesichts des Todes zwischen uns zeigte. Noch im Sterben dachte er an alle, und man spürte seine Liebe und Fürsorge. Er konnte schließlich nicht mehr kämpfen und wollte sterben, aber nicht, ohne an Frau und Kinder zu denken, damit diese gut ohne ihn zurechtkämen. Das war mein Vater!

Ich bin sehr dankbar, dass ich ihn auf seinem letzten Weg begleiten durfte. Ich nahm mir öfter frei und besuchte ihn, versuchte als Arzt auch die medizinische Behandlung zu begleiten. Keinen Tag war er allein, und das war sehr wichtig für uns alle und für ihn!

Heute, wo er nicht mehr da ist, bereue ich es manchmal, ihn und meine Mutter so wenig besucht zu haben und meine Liebe und Dankbarkeit zu wenig ausgesprochen zu haben. Andererseits nahm ich mir gerade in den letzten Jahren öfter Zeit für ihn. Wir saßen dann zusammen auf einem Bänkchen in ihrem schönen Garten, und er erzählte aus seinem bewegten und auch schweren Leben.

So vieles gab er ohne Wunsch nach Gegenleistung; und wenn ich mich dann mit ihm vergleiche, werde ich ganz schnell demütig und ein wenig traurig über mich.

Einer der schönsten und bewegendsten Moment ereignete sich in der Lungenfachklinik in Gauting, wo mein Vater auf der Intensivstation lag. Er hatte viel an Gewicht verloren, war sehr schwach und konnte kaum noch sprechen, aber er war klar im Geist.

Blicke sagen oft mehr als Worte ...

... und so blickten wir uns an und ich spürte seine Vaterliebe immer noch so stark wie zu Beginn meines Lebens, als er mich badete und mein kleines Köpflein hielt, damit ich kein Wasser schluckte. Welch eine Liebe und Fürsorge! Und nun konnte ich seinen Kopf halten, ihm einen Kuss auf die Stirn geben und ihm leise in sein Ohr flüstern, was er für ein guter und liebevoller Papa war und wie dankbar ich dafür bin.

Warum nur sagen wir solche Worte nicht öfter im Leben?

Aber ich spürte, wie es in seinem Herzen ankam, und da war sie wieder, die tiefe und innige Herzensbeziehung, die entsteht, wenn man wirklich sein Herz sprechen lässt.

Später, auf der Palliativstation in Tutzing, durfte ich ihn noch einmal rasieren, und auch diese Szene werde ich wohl nie mehr in meinem Leben vergessen. Ich denke mir gerade: Wie viel tun Eltern für ihre Kinder, und wie wenig geben wir ihnen meistens zurück …?

Im Angesichts des Todes hatte mein Vater eine tiefe, innere Ruhe, denn er wusste, wohin er geht: nach Hause zu seinem geliebten Gott und Vater, den er sein ganzes Leben lang verehrt hatte und für den er leben wollte. Dies hatte er als liebevoller Vater, Ehemann, Bruder, Freund und noch so vieles mehr getan. Obwohl er selbst seinen Vater so früh verloren hatte, wurde er ein Vorbild. Dies konnte er wohl durch sein weiches Herz und seine innige Glaubensbeziehung, die ihm immer wieder Kraft gab. Auch das ist etwas, was ich von ihm lernen möchte.

Herzensspuren

Was bleibt von unserem Leben?

Diese Frage stelle ich mir manchmal. So oft streben wir nach Geld, Macht und Anerkennung. Wir bauen etwas Großes auf, streben nach Bedeutung und Sinn, suchen diesen aber oft in äußeren Dingen. Und doch müssen wir am Ende unseres Lebens alles wieder loslassen.

Was bleibt vom Leben meines Vaters? Eines weiß ich gewiss: Es sind die Spuren seines Lebens und seines Herzens, die in meinem Herzen bleiben und die er hinterlassen hat.

Wenn wir uns also fragen, was von uns bleibt, sind es dann Spuren voller Kampf, Unversöhnlichkeit, Neid und Missgunst? Oder Spuren von Liebe, Wärme, Geborgenheit und Dankbarkeit? Nur diese Spuren, die ein Mensch in seinem Leben bei anderen Menschen hinterlässt, bleiben – in dem Leben der Hinterbliebenen und, ich bin gewiss, auch für die Ewigkeit.

Lasst uns danach streben, unser Herz nicht füreinander zu verschließen. Auch nicht nach Verletzungen, denn jeder Mensch verletzt und wird verletzt, aber alle Verletzungen können heilen, wenn wir vergeben – und mit Gottes Hilfe wird es uns gelingen. Das habe ich schon oft erfahren.

Mein Vater hat tiefe Spuren der Liebe in meinem Leben hinterlassen, und diese sind ein großer Schatz, auf den ich jederzeit zurückgreifen kann. Ich wünsche mir von Herzen, dass ich es ihm gleichtun kann!

Manche Menschen verstehen die Liebe eines anderen erst, wenn dieser nicht mehr da ist. Lasst uns zu Lebzeiten aufeinander achten und uns Liebe schenken und diese aussprechen.

Und mit diesem Wunsch und Wort tief aus meinem Herzen möchte ich diesen kleinen Beitrag beenden, in der Hoffnung, ein wenig dein Herz berührt zu haben, lieber Leser und liebe Leserin:

Mein liebster Dad,

ich danke dir von ganzem Herzen für alles, was du für mich getan hast, wie sehr du geliebt und gedient hast, wie sehr du dich von deinem Herzen hast leiten lassen.
Ich habe so viel Menschlichkeit und Güte von dir gelernt.
Du warst nicht nur ein liebevoller Vater, sondern bist auch mein größtes Vorbild.
Ich vermisse dich!

In Liebe, Klaus

Kapitel 12

Die letzte Gelegenheit ...

Von Hilda Kaufmann – Trainerin für Selbstverteidigung

Ich bin mir sicher, dass die meisten von uns, wenn sie wüssten, dass sie die letzte Möglichkeit haben, einem Menschen vor seinem Tod noch etwas zu sagen, etwas Wertvolles sagen würden. Selbst wenn wir „nur" zu einem Unfall dazukommen und die Person, die da schwer verletzt liegt, nicht kennen, aber die letzten wären, die dieser Mensch sieht, bevor er für immer die Augen schließt, würden wir versuchen, etwas Erbauendes zu sagen.

Vor einigen Jahren hätte ich nicht gewusst, was ich in so einer Situation gemacht hätte. Ich hätte mich womöglich genauso gefühlt, wie es Pastor Wilhelm Busch in einer Erzählung schilderte, die ich hier mit meinen eigenen Worten wiedergeben will:

Ein Soldat wurde im Krieg schwer getroffen, und er wusste, dass er das Schlachtfeld nicht lebend verlassen würde. Der Kamerad, der zu ihm eilte, bat ihn durchzuhalten, bis er Hilfe geholt hätte. Der Soldat flüsterte aber: „Bitte bleib hier! Mit mir geht es zu Ende! Hole keine Hilfe, bete mit mir!" Der Kamerad schaute ihn fassungslos an und sagte: „Ich kann nicht beten!" ...

Was musste das für den sterbenden Soldaten bedeutet haben, dass er in den letzten Augenblicken seines Lebens niemanden bei sich hatte, der wusste: *Jetzt ist es dann soweit – gleich steht er vor Gott!* Und was gibt es Wertvolleres für einen Menschen, als zu beten?

Wie musste sich aber auch der Kamerad fühlen, der zu Hilfe kam, dass er diesen letzten Wunsch nicht erfüllen konnte? Dieses „Erlebnis" war sicherlich auch für ihn lebensverändernd![1]

Ein ganz lieber Mensch aus meiner Familie hat eine schwere Diagnose bekommen. Er lebt in Ungarn und ich weiß nicht, ob ich ihn noch einmal sehen werde. Aber folgende Worte möchte ich ihm zukommen lassen:

Lieber ...,

ich kenne dich, seit ich geboren wurde, und doch weiß ich so wenig über dich.

Ich weiß, wie fleißig du gearbeitet hast und dass du ein guter Vater von zwei wunderbaren Kindern, Großvater von drei wunderbaren Enkelkindern und Urgroßvater von einer ganz hübschen Prinzessin geworden bist. Ich weiß, dass du es oft nicht leicht hattest im Leben, aber dass Gott dir eine Frau zur Seite gestellt hat, die immer ihr Bestes gibt und dich begleitet, liebt, versorgt und tröstet.

Ich weiß, dass ihr nicht nur sorglose, glückliche Tage hattet, sondern, dass da auch viele schwere, traurige Ereignisse stattgefunden haben.

Doch niemals habt ihr aufgegeben, denn ihr konntet euch immer aufeinander verlassen und ihr konntet auch immer wieder miteinander lachen. Und was am wichtigsten war: Ihr wusstet immer, dass Gott zu jeder Zeit da ist!

Nun scheint es so, als ob diese gemeinsame Zeit zu Ende geht. Alles, was bleibt, sind Erinnerungen an Vergangenes, und die verbleibende Zeit bewusster miteinander zu verbringen.

Was ich dir wünsche, ist, dass du alles, was dich bedrückt oder erfreut, aussprechen kannst. Dass du jeden, den du sehen möchtest, noch sehen kannst, und ihr euch die Liebe aussprechen könnt. Dass du in Gottes Herrlichkeit nach Hause gehen kannst und dort viele triffst, die schon vorausgegangen sind.

---

[1] Aus dem Vortrag „Kannst Du beten?" von Wilhelm Busch 1958 in Neuffen.

Sein Leben Jesus zu geben, ist mit keinem Schatz dieser Welt zu vergleichen; und den Frieden, den man dadurch bekommt, kann auch sonst nichts und niemand in der Welt ersetzen. Diesen Frieden und diese Freude, auch im Angesicht des Todes, wünsche ich dir!

DANKE für all das Gute, das ich durch dich/euch erfahren durfte!

DANKE für die unzähligen Gespräche bei gutem Essen oder beim Kaffee!

DANKE für deine Fürsorge und Begleitung durch mein ganzes Leben!

DANKE für alles, wofür ich vergessen habe zu danken ...

Ich weiß, dass wir uns eines Tages wiedersehen werden!

In Liebe, Hilda

Ich möchte jeden von euch ermutigen, nach Gott zu suchen! Fangt an, mit Jesus zu sprechen, auch wenn ihr noch nicht glaubt, dass er euch hört. Er verträgt eine ganze Menge Gespräche! Und was für mich so unfassbar ist: Er schläft nie! Seine Macht und Herrlichkeit sind unendlich. Unser Beistand, unsere Hoffnung und unser Trost ist er für immer und ewig.

Kapitel 13

Komm heim

Von Erich Rechtenbacher – Polizeibeamter

Es war am Morgen meiner Hochzeit, vor nunmehr 35 Jahren. Ich hatte bis dahin im Haus meiner Eltern gelebt. Mit der Frau zusammen, die ich an diesem Tag heiraten würde, hatte ich eine Wohnung gemietet, etwa sieben Kilometer von meinem Elternhaus entfernt, unser zukünftiges Heim.

Ich war bereit zur Abfahrt, sozusagen geschniegelt und gestriegelt, als das Hochzeitsauto vorfuhr, um mich zur kirchlichen Trauung abzuholen. Da man sich ja kurz danach in der Kirche und bei dem anschließenden Fest wiedertreffen würde und wir schließlich auch nicht weit wegzogen, war mir in diesem Moment gar nicht so sehr bewusst, dass dies in gewisser Weise auch ein Abschied war. Oder ich hatte genug andere Dinge im Kopf und dachte nicht darüber nach.

Als ich gerade zur Tür gehen wollte, nahm mich meine Mama fest und sehr lang in den Arm, drückte mich und flüsterte mir mit verweinter Stimme und Tränen in den Augen zu: „Komm bitte wieder heim!"

Ich habe diesen Satz nie vergessen und in Gedanken immer wieder gehört. Er war mir auch noch in Erinnerung, als ich zwei Jahre später tatsächlich wieder zu Hause war. Meine Frau und ich hatten nämlich mein Elternhaus übernommen: meine Eltern wohnten im Erdgeschoss und ich mit meiner Familie im Obergeschoss.

32 Jahre später saß ich im Krankenhaus an Mamas Bett. Papa war schon acht Jahre vorher gestorben, und ich war zwischenzeitlich geschieden. Nach Papas Tod war Mama immer kränklicher geworden, und die letzten drei Jahre war sie erst in Teil-, dann in Vollzeitpflege. Sie hatte in dieser Zeit auch schon einige Krankenhausaufenthalte hinter sich. Immer wieder einmal war ihr fast neunzig Jahre alter Körper mit all seinen Organen einfach zu schwach. Und jedes Mal wurde sie im Krankenhaus aufgepäppelt und hielt wieder eine Weile durch. Ja, sie war ihr ganzes Leben lang eine Kämpferin.

Sie hatte einen Weltkrieg miterlebt, dabei drei Brüder verloren. Sie hatte die karge Zeit nach dem Krieg durchgestanden, sechs Kinder geboren und zwei davon selbst zu Grabe getragen. Und immer wieder, wenn sie ins Krankenhaus eingeliefert wurde, sagten andere zu mir, ich solle meine Geschwister verständigen, es könnte „soweit" sein. Ich habe das stets verneint. Ich habe gehofft und geglaubt, dass ich meine Mama noch ein Weilchen behalten darf – und immer wieder recht behalten.

Als sie dieses Mal wieder eingeliefert wurde, kümmerte ich mich wie gewöhnlich routiniert um die Formalitäten und versicherte mich, dass sie ordentlich versorgt und untergebracht ist. Als alles erledigt war und ich an ihrem Bett stand, hatte ich aus dem Unterbewusstsein heraus das drängende Gefühl, ich solle sie jetzt nicht alleine lassen. Sie war sehr schwach und hatte zuletzt die Nahrungsaufnahme verweigert. Aber selbst über dieses drängende Gefühl machte ich mir keine Gedanken. Ich war wohl noch immer in der Routine gefangen und fragte eine Krankenschwester, ob ich solch einen Krankenfahrstuhl mit einer hohen Lehne haben könne, die man zum Schlafen herunterklappen konnte. Die Schwester brachte mir den Stuhl mit der Bemerkung: „Das ist lieb von Ihnen, aber Sie müssen nicht dableiben. Ich glaube nicht, dass sie jetzt schon stirbt."

Ich blieb trotzdem da. Ich schob den Stuhl neben das Bett, setzte mich und hielt ihre Hand. Sie war in einem Dämmerzustand, ähnlich einem Halbschlaf, und immer wieder seufzte und stöhnte sie. Ihr Gesicht zeigte deutlich die Spuren ihres langen Kämpfens und ihrer Schmerzen.

Was jetzt begann, habe ich, so sehe ich das im Nachhinein, gar nicht so bewusst selbst gesteuert. Ich fing an zu beten. Und ich betete unaufhörlich. Ich sprach Gebete wie das Vaterunser, redete mit Gott, als sei er tatsächlich anwesend (was er ja auch war) und summte Lobpreislieder.

Anfangs, als meine Mama kränklicher wurde, hatte ich Gott immer gebeten, er solle sie doch wieder gesund machen. Später, als ich sah, wie sie immer mehr kämpfte und litt, bat ich den Herrn über Leben und Tod nur noch, er solle sie nicht leiden lassen, so oder so.

Nun, da ich nicht mehr wusste, was ich noch beten sollte, nahm ich die Bibel, die neben dem Bett lag, und betete Psalmen. Genauer gesagt, ich las sie meiner Mama vor. Dabei bemerkte ich zum ersten Mal, dass die Psalmen nicht einzelne Gebete oder Lieder sind, die man ganz getrennt voneinander sehen muss, sondern dass sie auf gewisse Weise eine fortlaufende Geschichte erzählen. Schon deswegen konnte ich auch gar nicht mehr damit aufhören.

Es war kurz vor drei Uhr in der Nacht und ich glaube, ich hatte achtzig oder hundert Psalmen gelesen, als ich das Gefühl bekam: *Ich brauche jetzt nicht mehr zu beten. Ich brauche Jesus um nichts mehr zu bitten. ER allein weiß, was zu tun ist.* Ein seltsames Gefühl der Gelassenheit und der Zufriedenheit füllte mich komplett aus.

Ich kniete mich neben Mamas Bett, streichelte und küsste sie. Und jetzt durfte ich nach 32 Jahren meiner Mama etwas ins Ohr flüstern: *„Mama, es ist alles in Ordnung. Du musst dich um nichts mehr sorgen und dich um nichts mehr kümmern. Deine Kinder sind alle bestens versorgt. Kämpfe nicht mehr. Du darfst jetzt heimgehen, und Jesus wird dich mit zu sich nehmen."*

Ich schaute dann zu dem Kreuz hoch, das gegenüber dem Fußende des Bettes an der Wand hing. So oft habe ich den gekreuzigten Herrn Jesus Christus schon angeschaut, aber noch nie kam mir diese kleine Holzfigur so lebendig vor, wie in diesem Moment – als wolle er gleich vom Kreuz heruntersteigen …

Ich glaube, es dauerte dann keine halbe Minute mehr, bis ich in meinem Krankenstuhl lag und in einen tiefen, traumlosen Schlaf fiel. Heute weiß ich, dass der Herr mir diesen Schlaf schenkte. Er wollte wohl nicht, dass ich sehe, was jetzt passierte.

Schon dreißig Minuten später wachte ich aber wieder auf. Nicht plötzlich oder gar mit Erschrecken. Nein, ich kam schön langsam zu mir, als würde ich aus einer Narkose aufwachen. Ich hatte noch die

Augen geschlossen, als mir schon bewusst war: *Jesus hat Mama zu sich geholt.* Ich öffnete die Augen und sah ein vollkommen entspanntes und von tiefem Frieden erfülltes Gesicht, wo vorher noch Plage, Stöhnen und Seufzen war.

Dass ich noch ihren Puls fühlte, war eher berufliche Routine. Ich streichelte ihr ein letztes Mal über das Gesicht, sah noch einmal zum Kreuz hoch und flüsterte: „Danke!"

So sehr ein solcher Abschied auch schmerzt, wünsche ich doch jedem, dass er diese wunderbare Erfahrung machen darf, einen geliebten Menschen im Sterben zu begleiten und ihn direkt in die Arme von Jesus übergeben zu dürfen!

Kapitel 14

Herzflüstern vom Papa zum Sohn

Von Helmut Jarsetz – Inhaber eines Reisebüros

Ich darf an dieser Stelle meine Geschichte erzählen, von der bisher nur wenige Menschen wissen; eine Erfahrung, die mich im Rückblick immer wieder tröstet und stark macht.

Als ich 15 Jahre alt war, erkrankte mein Papa und wurde mit schweren Magenbeschwerden ins Krankenhaus gebracht und dort anschließend operiert. An und für sich nichts Besonderes, werden doch tagtäglich viele Menschen mit allen möglichen Problemen ins Krankenhaus gebracht und dort behandelt oder operiert. Auch für mich bedeutete es zunächst einmal nur, dass mein Daddy (wie ich ihn nannte) jetzt für kurze Zeit ausfallen würde und ich zuhause noch etwas mehr mit anpacken musste, da wir einen kleinen Bauernhof hatten.

Ich erinnere mich noch gut, als ich ihn zwei Tage nach der Operation nach Schulschluss (ich besuchte die Wirtschaftsschule in Gunzenhausen) dort im Krankenhaus besuchte, und er mir berichtete, dass es ihm gut gehe und er schon fast wieder alles essen und trinken könne. Darüber freute ich mich sehr und hoffte, dass er bald wieder zuhause sein würde.

Mein Vater erzog mich und meinen Bruder schon mit viel Strenge, sodass wir sehr viel Respekt vor ihm hatten. Andererseits wurden wir auch sehr in Aufgaben und eigene Verantwortung mit eingebunden. Durch die Landwirtschaft und eine eigene Schreinerei, die mein Vater hatte, gab es immer eine Menge zu tun, sodass unsere Eltern sehr mit unserer Unterstützung rechneten.

Aber die Belohnung fehlte auch nicht; so konnten wir uns zum Beispiel am Ende des Tages beim gemeinsamen Einkauf im örtlichen Krämerladen etwas Besonderes aussuchen, was für mich meistens Weingummibärchen oder andere Süßigkeiten waren. Diese Anerkennung und Wertschätzung haben sich in meinem weiteren Leben als sehr nachhaltig erwiesen.

Ich erinnere mich auch daran, wie wir ein Fußballspiel unserer Dorfjugend mit dem Nachbardorf hatten, als plötzlich mein Vater am Spielfeldrand stand und ausschließlich wegen mir gekommen war. Da fühlte ich mich sehr geehrt und wusste, mein Papa ist stolz auf mich und liebt mich. Das hat er auch nach dem Spiel zuhause zum Ausdruck gebracht, was mich noch mehr freute.

Das böse Erwachen

Mein Daddy wurde dann auch sehr bald aus dem Krankenhaus entlassen, und wir waren alle sehr froh und dankbar, dass er wieder daheim war. Doch es dauerte nur kurze Zeit, bis sich erneut Schmerzen bei ihm einstellten. Was für ihn die ersten Tage nach dem Krankenhaus alles möglich war und er genießen konnte, fand innerhalb weniger Wochen ein jähes Ende. Die Schmerzen nahmen stark zu und das Essen schmeckte ihm nicht mehr. Ja man konnte schon sehr bald sehen, wie er an Gewicht immer mehr abnahm, seine Backen einfielen und sein Körper abmagerte.

Sollte dieser hoffnungsvolle Beginn nach der OP nun in eine so schwere Krankheit münden? Sollte mein Daddy an dieser Krankheit sterben? Warum musste das sein? Warum ausgerechnet in meiner Familie? Warum ausgerechnet mein Vater, der doch noch so viel vorhatte? Fragen über Fragen, die nun in meinen Gedanken kreisten. Ich konnte damals leider mit niemanden über diese Dinge reden. Auch meine Mutter litt sehr unter dieser Situation.

Es war schlimm, mit ansehen zu müssen, wie ein Mensch von Schmerzen geplagt war, und machtlos daneben zu sitzen, ohne helfen zu können. Ich habe viele Blicke vor meinem inneren Auge, wie mein Daddy in seinem Leiden mich tief durchdringend und liebevoll anschaute, als wolle er mir zuflüstern „Ich werde gehen, aber ich liebe dich!"

Leider konnte keiner in unserer Familie diese Gedanken in Worte fassen, da wir es nicht gelernt hatten, über Gefühle und den Tod zu sprechen. Ich selbst hatte zu diesem Zeitpunkt noch keine lebendige Beziehung zu Jesus Christus, der allein uns in so einer Situation hätte trösten, ermutigen und uns hätte Worte finden lassen können.

Die Situation des Leidens und der Schmerzen zuhause wurde inzwischen so unerträglich, dass wir uns einig waren, Papa müsse ins Krankenhaus, da ihm da besser gegen die Schmerzen geholfen werden könne. Wir hatten damals noch kein eigenes Telefon. So ging ich als 15-Jähriger auf Anraten meiner Mutter zu dem Freund meines Vaters, der auch der Bürgermeister unseres Ortes war, und bat diesen, uns zu helfen, Daddy ins Krankenhaus zu bringen. Ich weiß noch sehr gut, wie ich damals die Küche dieser Familie betrat, die gerade beim Mittagessen beisammen war, als ich stotternd und unter Tränen mein Anliegen um Hilfe vortrug. Ich kam mir, als der Teenager, der ich war, so hilflos und verloren vor.

Noch am gleichen Tag wurde Papa mit dem Krankenwagen abgeholt und ins Krankenhaus gebracht. Der Zustand stabilisierte sich zunächst im Krankenhaus, da die künstliche Ernährung den Körper einfach wieder mehr aufbaute. Doch auch das half nur wenige Tage. Nach einer einsetzenden Gelbsucht stellte sich heraus, dass neben dem Magen auch die Leber stark von Krebs befallen war.

So zeigte sich ein immer erbärmlicheres Bild, wenn ich meinem Daddy am Bettrand gegenübersaß. Seine Blicke in meine Augen und das Halten meiner Hände zeigten mir jedoch, auch ohne Worte, wie wunderbar seine Liebe mir gegenüber war. Jedes Abschiednehmen nach einem Besuch im Krankenhaus geschah unter Tränen und Schmerz. Mit erst 15 Jahren meinen Vater loszulassen, war einfach schwer. Hatte ich doch noch so viele Fragen an das Leben, wobei ich ihn noch so dringend gebraucht hätte.

Die leuchtenden Augen

Daddy wurde schwächer und schwächer und sein Aussehen war stark von der Krankheit gezeichnet. Der Tod kam näher. Wir hatten alle den Wunsch, noch gemeinsam das Abendmahl miteinander zu feiern. So bestellten wir am Sonntagabend unseren Gemeindepfarrer und baten ihn darum. Es war eine traurige, aber auch eine heilige Atmosphäre in diesem Krankenzimmer. Sollte es doch das letzte Mal sein. Die Augen meines Daddys leuchteten, als er während des Abendmahls auf das ihm gegenüber an der Wand hängende Kreuz blickte. Der Himmel war so nahegekommen.

Heute weiß ich, obwohl ich damals noch nicht bewusst an Jesus gläubig war, dass Jesus gegenwärtig war und uns alle getröstet und erquickt hat und der Blick meines Daddys ein **Herzflüstern** war – ohne Worte. Allein der liebevolle Anblick und der tiefe Friede, den er ausstrahlte, hat mich so tief berührt und beeindruckt, dass ich das nie vergessen werde. Diese hellglänzend leuchtenden Augen meines Daddys blickten über das Krankenzimmer hinaus, voller Erwartung und Gewissheit einer anderen Welt. Sein Blick ging durch das Kreuz hindurch und ließ uns die Ewigkeit nahekommen.

Ja, dieses Erlebnis löste eine Hoffnung in mir aus und ließ mich erfahren, wohin mein Papa ging. Er ging zu Jesus! Trotz der Schwere dieser letzten Dinge auf Erden und des Loslassens war ein tiefer Friede in diesem Raum und in meinem Herzen. Diese Blicke meines Papas mit seinen unbeschreiblich leuchtenden, auf das Kreuz gerichteten Augen, gaben und geben mir auch heute so viel Trost, dass ich weiß, er ist nicht wirklich tot, sondern er ist jetzt bei Jesus, und ich werde ihn wiedersehen.

Drei Tage später ging mein Papa in die himmlische Heimat. Er hatte seinen Freund schon lange vorher gebeten, dass dieser sich um uns als Familie kümmern solle, wenn er gestorben sei, was uns dann auch eine große Hilfe war.

Ich wünsche mir sehr, dass dieses **Herzflüstern** vom Papa zum Sohn auch dein Herz berührt und …

… du die Liebe unseres Vaters im Himmel spürst und annimmst, so wie ich es wenige Jahre nach dem Tod meines Vaters auch getan habe.

Kapitel 15

Kampf hinein in die Demut

Von Gerhard Wittig – Polizeioberrat

Er steht vor dem Küchentisch mit einem Gefühl aus Wut und Verzweiflung. Er, der Polizist, der es gewohnt war, schwierige Situationen lösen zu können, mit Mut, Kraft, ja, wenn es sein musste, auch mit Gewalt, wenn es galt, das Recht durchzusetzen. Bisher hatte er im Leben keine Problemlagen kennengelernt, die er nicht hätte lösen können. Fast drohend wirken seine lauten Worte, als er seine 13-jährige Tochter auffordert, ihren Teller leer zu essen. Diese sitzt still, mit Tränen in den Augen, vor ihrem Teller und sagt leise: „Ich kann nicht."

Seine Frau sitzt auch am Tisch, den Kopf gesenkt, traurig. Sie hatte schon vor ihm begriffen, dass es so nicht gehen wird – ihre gemeinsame Tochter war ernsthaft krank. Es war kein pubertärer Tick, etwas abnehmen zu wollen; sie war von der Sucht befallen, sich zu Tode zu hungern.

Wie in vielen Fällen hatte es mit einem kleinen Gesundheitstick begonnen – weniger essen, mehr Sport. Am Anfang hatten sie ihre Konsequenz noch bewundert, aber langsam begann sie krank auszusehen, sich zurückzuziehen, Essen heimlich wegzuwerfen, Woche um Woche abzunehmen. Der Vater und die Mutter hatten schon von solchen Fällen gehört, doch waren da nicht immer die Eltern schuld gewesen, wenn es mit den Kindern schieflief? Aber sie waren doch Christen, hatten sich doch bemüht, alles richtig zu machen, hatten doch so viel Zeit in andere investiert – zu viel Zeit vielleicht?

Lag es doch an ihnen, vielleicht an seiner harten, überdurchschnittlich leistungsorientierten Männlichkeit oder an ihrer überfürsorglichen Mütterlichkeit? War vielleicht der gemeinsame schwere Verkehrsunfall, bei dem ihr ältester Sohn fast ums Leben gekommen war, der Auslöser oder doch die Geburt des 10 Jahre jüngeren kleinen Bruders, der die Geschwisterkonstellation total veränderte?

Auch die Therapeuten, die sie mittlerweile eingeschaltet hatten, durchforsteten scheinbar jede Familienepisode, um der Ursache auf den Grund zu kommen. Immer tiefer grub sich ein Gefühl des Schuldigseins in die Herzen der Eltern; stumme gegenseitige Anklage, untermauert von vielsagenden Interpretationen der Therapeuten. Gutmeinende Mitchristen liehen ihnen Bücher aus, in denen zu lesen war, wie welcher Elternteil Auslöser für diese Krankheit sein könnte.

Das Familienschiff begann bedenklich zu schaukeln; alles und jeder wurde hinterfragt. Und in dieser verzweifelten Situation hörten sie das erste leise Flüstern Gottes: *„Und als er vorüberging, sah er einen Menschen, blind von Geburt. Und seine Jünger fragten ihn und sagten: Rabbi, wer hat gesündigt, dieser oder seine Eltern, dass er blind wurde? Jesus antwortete: Weder dieser hat gesündigt noch seine Eltern, sondern damit die Werke Gottes an ihm offenbart würden"* (Joh 9,1-3) Aus diesem Wort entstand ein winzig kleines Pflänzchen des Vertrauens und der Hoffnung, klein, winzig klein – bis der nächste große Sturm aufzog.

Die Tochter hatte bald nur noch 41 kg bei 1,72 m, und es bestand die Gefahr, dass ihr Herz vielleicht aussetzen könnte. Gute Freunde rieten, sie müsse in eine Klinik. Und sie, die Eltern, sorgten sich so sehr, dass sie auch Gottes Stimme nicht mehr hörten.

Sie hatten kein gutes Gefühl, als sie ihr Kind dort abgaben. Sie wussten, es könnte Monate dauern, bis sie wieder nach Hause käme. Ihr Kind weinte beim Abschied, die Mutter hatte das Gefühl, ihr Herz würde zerreißen. Und er, der harte Kämpfer, konnte die Tränen nicht unterdrücken.

Es folgten vier schreckliche Monate. Jeden Tag rief ihre Tochter zu Hause an und weinte. „Ich will nach Hause! Bitte, bitte, holt mich doch wieder nach Hause!" Obwohl die Eltern jede Besuchsmöglichkeit nutzten, vier- bis fünfmal in der Woche 140 km fuhren, um ihre Tochter zu unterstützen, blieb das Gefühl der Hilflosigkeit und der Eindruck, dass dieser Weg nicht der richtige war.

Im Krankenhausflur hing unauffällig ein kleines Bild mit einem Spruch: „Dein Weg ist schwer, aber du gehst ihn nicht allein. Und trotzdem bleibt es ein schwerer Weg." Es war kein Bibelwort und doch hatte die Mutter den Eindruck, dass Gott zu ihr sprach: „Es wird dauern."

Es schien, als würde sich langsam ein graues Tuch über ihr ganzes Leben legen. *„Wir aber, die Starken, sind verpflichtet, die Schwachheiten der Kraftlosen zu tragen ... "* (Röm 15,1). Niemals zuvor war ihnen bewusst geworden, wie schwer dieser Auftrag war.

Das Mädchen kam nach Hause und litt schlimmer als zuvor. Die wenigen Kilo, die es zugenommen hatte, waren schnell wieder runtergehungert, und es ging weiter bergab. Dazu kamen tiefe Depressionen. Kein Abend verging, an dem die Mutter nicht am Bett ihrer Tochter saß und Stunden damit verbrachte, ihrer Tochter gut zuzureden und ihr die Zukunft hoffnungsvoll auszuschmücken. Es waren bestimmt Hunderte von Gebeten, die für die Tochter und mit ihr gebetet wurden.

Wenn die Mutter keine Kraft mehr hatte, versuchte es der Vater. Er streichelte sie und beteuerte ihr immer und immer wieder, dass sie doch sein geliebtes Mädchen sei. Manchmal weckte der kleine Bruder die Eltern nachts mit den Worten: „Sie weint wieder." Es schien, als ob alle Versuche, die sie unternahmen, fehlschlugen, sei es therapeutische oder ärztliche Hilfe.

Je länger die Krankheit voranschritt, desto einstimmiger war die therapeutische Prognose, dass eine Gesundung kaum noch möglich sei. Es war ein Spagat zwischen der Hoffnung auf die Hilfsmöglichkeiten der Welt und auf ein Wunder Gottes.

Die Familie isolierte sich immer mehr. Sollten sie die Tochter nicht lieber in eine therapeutische Wohngruppe geben? Es nutzte doch niemandem etwas, wenn sie sich alle zurückzogen. Doch der Vater und die Mutter wussten, dass nur die Liebe, die Gott ihnen von Anbeginn für ihre Tochter ins Herz gelegt hatte, diese Last tragen konnte.

Bei einem der vielen Klinikaufenthalte schrieb die Mutter an die Therapeutin: „Ich sehe unser Kind in einem Käfig sitzen, die Tür ist auf, und jeder, der sie herausholen will, wird von ihr attackiert und gebissen. Auf Fremde wirkt sie wie eine Fratze, abstoßend und lästig. Aber meine Liebe zu ihr kann immer noch ihr wahres Inneres sehen, so liebenswert wie Gott sie schuf."

Und doch schien alles auf einen dramatischen Höhepunkt zuzulaufen. Nach drei Jahren des Hoffens und Verzweifelns schlug die Hungerfratze gnadenlos zu. 33 kg bei 1,72 m. Die letzte Nacht, bevor die Tochter in die Notaufnahme eingeliefert wurde, wachte der Vater im Gebet, damit sein Kind nicht stirbt.

In der Notaufnahme wird das ganze Ausmaß der Dunkelheit sichtbar. Da sitzt die Sechzehnjährige mit dem Körper einer scheinbar Vierjährigen, abgemagert bis auf die Knochen. Es folgen Wochen der Sonden-Ernährung, Wochen, in denen die Tochter immer verzweifelter wird und sterben will. Ihr ganzes Wesen scheint innerlich und äußerlich völlig zerfressen. Ihr Verstand quält sie, verbreitet unbeschreibliche Angst. *Was oder wer ist sie ohne diese Krankheit, die die letzten Jahre ihres Lebens bestimmt hat?*

Die Mutter ist völlig verzweifelt, sie weint sich in den Schlaf, sie nimmt das Kreuz von der Wand des Schlafzimmers und legt es zu sich ins Bett. Sie fleht, dass Gott ihr diesen Schmerz aus dem Herzen nimmt. „... die *Starken sollen die Schwachen tragen* ... " Aber was, wenn man nicht mehr stark ist? Wenn man das Gefühl hat, die Arme zum Gebet nicht mehr heben zu können?

In den folgenden Wochen des Leidens und Kämpfens scheint es, als ob ein neuer Bibelvers die Dunkelheit erhellt: *„Er wird seine Lämmer in seinen Arm nehmen und in seinem Gewandbausch tragen* ... " (Jes 40,11). Jesus würde die Tochter tragen, solange es nötig ist, so lange, bis er sie wieder behutsam absetzen und laufen lassen kann.

In den Herzen des Vaters und der Mutter wird die Zusage Gottes immer tiefere Wirklichkeit, dass Bedrängnis Ausharren bewirkt, Ausharren Bewährung, die Bewährung aber Hoffnung, die nicht ins Leere geht[1]. Das Leid des Kindes hat sie in sieben Jahren tief gedemütigt, sie schmerzvoll spüren lassen, dass sie in der tiefsten Bedrängnis nichts zu tun vermochten, außer dem zu vertrauen, aus dessen Hand alles gegeben und genommen wird.

---

[1] Vgl. Röm 5,3.

Monate später schreibt ihre Tochter in ihr Tagebuch:

Ich lag nachts zu Hause in meinem Bett. Wieder einmal hatte ich so lange geweint, bis ich eingeschlafen war. Plötzlich wachte ich auf und bemerkte, dass ich kraftlos war, müde von dem langen Weg, den ich bis jetzt gegangen war. Ich fühlte, dass mich nichts mehr hält, ich könnte mein Leben beenden.

Meine Gedanken wüteten förmlich in meinem Kopf: *Niemand wird dich vermissen. – Du bist eine Last, du machst allen nur Sorgen – Du wirst nie frei sein! – Ohne dünn zu sein, bist du ein Nichts.*

Das bisschen Hoffnung, das ich bis dahin noch hatte, schien verloren zu sein. Es gab in diesem Moment keine Hoffnung mehr. Ich stand aus meinem Bett auf und überlegte, wie ich dem ein Ende machen könnte. Ich betete und flehte, dass Gott mir trotz dieser Gedanken gnädig sei, auch wenn er mich die letzten Jahre vergessen habe.

Ich dachte, auch wenn ich sterben würde, würde ich doch gerne bei ihm sein.

In diesem Moment wurden die quälenden Gedanken leiser und ich bekam einen neuen, warmen Gedanken, einen Vers aus der Bibel, den ich durch meine ganze Kindheit hindurch oft gehört hatte: *„Die Wahrheit wird dich frei machen."* Diesmal waren es aber nicht nur Worte, sie waren gefüllt mit einer Liebe, die kein Mensch in Worten ausdrücken kann. Für mich war es so, als ob Gott selbst zu mir spricht.

Und ich erkannte, dass all meine negativen, zerstörerischen Gedanken eigene Gedankengebäude waren, Lügen, die sich über mein ganzes Leben ausgebreitet hatten.

Kein Außenstehender, weder Ärzte, Therapeuten noch die engsten Familienangehörigen hatten eine Änderung in der mittlerweile jungen Frau bewirken können. Nachts, leise und von allen anderen unbemerkt, flüsterte Gott Worte der Veränderung.

Rein äußerlich kämpfte die Tochter noch immer, aber tatsächlich änderte sich das Ziel. Aus dem Kampf, das Leben zu besiegen, wurde ein Kampf zurück ins Leben. Durch Gottes Eingreifen wurde aus der bereits verlorengeglaubten Schlacht ein reicher Sieg.

Wenn ihr in meinem Wort bleibt, so seid ihr wahrhaftig meine Jünger; und ihr werdet die Wahrheit erkennen, und die Wahrheit wird euch frei machen (Joh 8,32).

Kapitel 16

Späte Versöhnung

Von Monika Schwerdtner – Krankenschwester

Meine Eltern hatten es nie leicht miteinander gehabt, es gab viel Streit, oft waren sie sich uneinig. Als mein Vater dann 2011 nach wenigen Stunden auf der Intensivstation ins Koma fiel, aus dem er nicht mehr erwachte, bedeutete das für meine Mutter, dass sie ohne Aussprache Abschied nehmen musste.

Zunächst dachte ich, dass es nun keine Chance auf Versöhnung mehr gäbe. Doch die Zukunft brachte ein Wunder, mit dem ich nie gerechnet hätte.

Ungefähr zu der Zeit, als für meine Mutter Jahre der gesundheitlichen Einbrüche und Pflegebedürftigkeit begannen, ergab sich für mich eine neue berufliche Chance. Das Diakonische Werk suchte für den unter ihrem Dach befindlichen Hospizdienst eine Koordinatorin, bevorzugt eine Krankenschwester. Ich hatte mir diese Aufgabe nicht gesucht, doch über Umwege hat sie mich gefunden, und nun arbeite ich schon seit fast acht Jahren in diesem Bereich. Anfangs blieb ich parallel noch beim ambulanten Pflegedienst beschäftigt, doch mit der Zeit wurden die Erfordernisse so umfangreich, dass ich die Pflege an den Nagel hängen musste, allerdings mit einem weinenden Auge.

Nun folgte eine Reihe von Weiterbildungen, die ich im Zuge meiner neuen Tätigkeit brauchte. Vorneweg *Palliative Care* (die Pflege und Versorgung von Schwerstkranken sowie Sterbenden und ihrer Angehörigen). Dieser ganzheitliche Ansatz hat mich völlig fasziniert. Menschen werden hier mit all ihren Bedürfnissen – und die sind nicht nur körperlicher Art – auf allen Ebenen wahrgenommen und versorgt.

Sehr berührend für mich war, dass mir bei allen theoretischen Kursen meine Mutter stets ein praktisches Beispiel war, das mir sehr zu Herzen ging. Als hätte Gott ihren Krankheitsverlauf bewusst so gefügt, dass ich an ihr lernen durfte. Gleichzeitig konnte ich sie durch neu gewonnene Erkenntnisse bestmöglich in den unterschiedlichen Bereichen unterstützen.

Durch die misslungenen Maßnahmen nach einer Oberschenkelhalsfraktur, saß meine Mutter nun im Rollstuhl. Der viermonatige Aufenthalt im Krankenhaus mit zahlreichen OPs hatte sie völlig entkräftet und aufgerieben. Wir entschlossen uns als Familie, die Therapie abzubrechen und sie auf eigene Verantwortung nach Hause zu holen. Und so kam sie, auf 42 Kilogramm abgemagert, zu meiner ältesten Schwester und wurde dort liebevoll gepflegt. Der Weg war zunächst unklar; sie konnte kaum essen, und die Operationswunde blutete immer noch stark. Aber die Tatsache, im Kreise der Familie zu sein und alle Wünsche erfüllt zu bekommen, ließ sie langsam genesen und am Leben festhalten.

Doch die aufwändige Pflege und gestörten Nächte bewirkten, dass meine Schwester nach einem Jahr völlig erschöpft war, und so kam es, nach einem kurzen Aufenthalt bei meiner anderen Schwester und bei mir, dass meine Mutter selbst die Entscheidung traf, ins Pflegeheim zu ziehen. Das war sehr mutig von ihr, denn genau davor hatte sie immer Angst gehabt. Diese letzte Station in ihrem Leben sollte aber noch fast drei Jahre dauern.

Immer wieder kam meine Mutter in sehr lebensbedrohende Situationen, wie z. B. eine Grippe, eine Nierenbeckeninfektion mit beginnender Blutvergiftung oder ein Abszess im Bauchraum. Jedes Mal kam sie dem Tod ein Stückchen näher. Und in jeder dieser Krisen befand sie sich in einem Zustand mit sehr veränderter Wahrnehmung. Dies äußerte sich so, dass sie im einen Moment zeitlich, örtlich und persönlich orientiert war und im anderen die Dinge, über die sie sprach, scheinbar keinen Sinn ergaben. Durch meine Fortbildungen war ich sensibilisiert und konnte ihren Zustand einordnen und ihre Sprache verstehen. Ein auf das Sterben zugehender Mensch kann sich nicht mehr sachlich argumentierend ausdrücken. Er spricht vielmehr die Sprache der Befindlichkeit, es ist die Sprache der Bilder, der Symbole und der Träume.

Im palliativen Bereich spricht man von der *Terminalen Sprache.* „Terminus" ist die Grenze. Sterbende sind Grenzgänger, sie bewegen sich entlang der Grenze zwischen dem Diesseits und der zukünftigen Welt. Deshalb überraschen sie manchmal mit ihren Aussagen. Hätte ich all das nicht gewusst, hätte ich wohl annehmen können, dass sich meine Mutter dementiell veränderte, doch ich wusste es besser und konnte sie daher liebevoll begleiten.

Ein Ereignis werde ich wohl nie vergessen. Es war an einem Nachmittag, als sie mir nach der Begrüßung eröffnete, dass mein Papa kurz vor mir auch zu Besuch gewesen sei; er würde jeden Tag vorbeikommen, meinte sie. Nun, dazu muss man wissen, dass mein Vater zu diesem Zeitpunkt bereits seit über fünf Jahren verstorben war. Ich sagte erst einmal nichts dazu und wartete, ob sie mir noch mehr zu berichten wusste. Doch sie sprach nicht weiter über ihn, so ließ ich es dabei bewenden.

Bei unserem nächsten Wiedersehen berichtete sie mir wieder vom Besuch meines Vaters. Nun war ich doch sehr neugierig geworden und fragte sie, über was sie denn gesprochen hätten. Da erzählte sie mir: „Wir haben jetzt Frieden geschlossen miteinander …" Und nach einer Weile: „… so hat es ja auch nicht mehr weitergehen können. Das Wichtigste ist Frieden!" Dabei lag sie andächtig im Bett, hatte die Hände über ihrem Herzen gefaltet und nickte mit dem Kopf. Ich war erst einmal sprachlos, bis ich begriffen hatte, an was ich da gerade teilhaben durfte.

Nun war das, was unmöglich schien, doch wahr geworden. Eine späte Versöhnung, ein Geschenk und ein bleibendes Vermächtnis. Die „letzten Worte" meiner Mutter, auch wenn es nicht die allerletzten waren, waren mit einer besonderen Intensität an mich gerichtet. Ein letztes Wort und eine Botschaft, wie aus himmlischen Sphären geflüstert: „Das Wichtigste ist Frieden!" Sie gab mir etwas mit auf den Weg – lebe Frieden und lebe Versöhnung!

Doch das war noch nicht das Ende; meine Mutter erholte sich nochmals aus der Krise. Das wurde mir besonders bewusst, als ich sie wenige Tage später fragte, ob der Papa heute schon da gewesen sei und sie verständnislos den Kopf schüttelte, als wolle sie sagen: „Von was sprichst du eigentlich?"

Ich wollte sie nicht auf die späte Versöhnung zwischen ihr und meinem Vater ansprechen, denn ich merkte, dass sie wieder im Hier und Jetzt angekommen war und wahrscheinlich keinen Zugang zu dem Erlebten gehabt hätte.

Meine Mutter war nie ein Mensch der vielen Worte gewesen und vermied es meistens, von früher zu sprechen. Vieles von dem, was ich weiß, habe ich von meiner Tante erfahren, die im Gegensatz zu Mama immer gerne erzählt hat. Zum Beispiel, dass sie eine sehr strenge Mutter hatten und einen sanften Vater, der seine Kinder herzlich liebte und den sie viel zu früh hatten hergeben müssen. Meine Mutter hatte wohl besonders unter diesem Verlust gelitten. Sie war erst zehn Jahre alt gewesen und ein „Papa-Kind". Er hatte die ängstliche Hilda wohl immer in Schutz genommen.

Es gab noch so manches, was meine Mutter aufzuarbeiten hatte. Zweimal hatte sie auf der Flucht vor den russischen Soldaten ihre Heimat verlassen müssen. Die Zeit während der Flucht und in den Lagern hatte viele Entbehrungen mit sich gebracht und dazu die ständige Angst. Dann, in Deutschland, waren sie die unbeliebten „Flüchtlinge" gewesen.

In ihren letzten Wochen brach manches Geschehnis einfach aus ihr heraus und wollte nochmals durchlebt und verarbeitet werden. Immer wieder war sie durch alle diese Erinnerungen stark aufgewühlt, manchmal sogar völlig verzweifelt. Deshalb tat sie sich auch so schwer mit dem Alleinsein. In der Einsamkeit wurde sie von Ängsten und Depression regelrecht gequält. Oft kam ich im richtigen Augenblick, um die Dinge gemeinsam mit ihr durchzustehen und zu beten. Ich glaube, ich erfuhr nie so viel aus ihrem Leben, wie in dieser besonderen Zeit.

Was uns beiden den abendlichen Abschied etwas erleichterte, war das Vaterunser. Ich setzte mich direkt vor ihren Rollstuhl, nahm ihre Hände in die meinen und wir beteten gemeinsam. Mit diesem Ritual konnten wir einander loslassen und uns auf ein baldiges Wiedersehen freuen.

Es war ein paar Wochen vor ihrem Tod, wir kamen gerade von einem Spaziergang zurück, da erblickte meine Mutter das Pflegeheim und sagte zu mir: „Jetzt bringst du mich schon wieder hierher!?" Ich fragte: „Wo soll ich dich den sonst hinbringen?" Sie erwiderte: „Ich dachte wir gehen heim!" Ich fragte weiter: „Wo ist denn das?" Aber darauf konnte sie mir keine Antwort geben; sie sah einfach nur unendlich traurig aus. Ich nahm sie in die Arme und sagte: „Ich versteh dich schon Mama. Wenn Gott will, darfst du bald ‚heimgehen'." Sie hatte natürlich unbewusst von der himmlischen Heimat gesprochen. Schon während des Spaziergangs durch den Park war ich hellhörig geworden bei dem Satz: „Hier sieht es aus wie in Herbrechtingen." Ich konnte mir gerade noch verkneifen zu sagen: „Weil wir in Herbrechtingen sind!" Mir kam es vor, als blicke sie wie aus einer anderen Welt auf ihren früheren Wohnort. Ein aufs Sterben zugehender Mensch befindet sich oft in einer anderen Wirklichkeit; was er sagt, ist immer von Bedeutung und hat seinen Sinn im Zukünftigen, ob wir es verstehen oder nicht.

Zwei Wochen vor ihrem Tod hatte sie noch mit jeder ihrer vier Töchter ein besonderes Erlebnis, das durch Wohlwollen und Freude gekennzeichnet war. Im Nachhinein erkennen wir, dass sie Abschied nahm. Sie starb am 20. Mai 2017 mit 87 Jahren, eine Woche nach einer Hirnblutung, friedlich und im Beisein ihrer Familie.

Die Begleitung meiner Mutter war eine der intensivsten Erfahrungen meines Lebens. Ich durfte für sie da sein und von ihr lernen. Das, was mich aber am meisten berührt hat, war die späte Versöhnung meiner Eltern, jenseits einer Grenze, über die hinweg ich meine Mama nicht begleiten konnte.

Was aber bleibt, ist Glaube, Hoffnung, Liebe; die Liebe aber ist die größte unter ihnen und reicht weit über den Tod hinaus. Ich danke Gott dafür!

Kapitel 17

Der Schrei nach Leben

Von Wolfgang Gröber – Innenarchitekt

Da es aber jetzt Morgen war, stand Jesus am Ufer

Nach einer langen, endlos scheinenden Nacht
Nach Tränen und leergeweinten Augen
Nach Verzweiflung und Leere
Nach vergeblichem Mühen
Nach Dunkelheit und Angst
Nach Trauer und Sterben

Da es aber jetzt Morgen war, stand Jesus am Ufer

Es wird einen neuen Morgen geben
Und „er" wird da sein
Am Ufer stehend
Auf mich wartend
Er wird mich tröstend empfangen
Und meine leeren Hände füllen

Da es aber jetzt Morgen war, stand Jesus am Ufer

Was brauche ich mehr, als diese Gewissheit?

Andrea Abele nach Johannes 21,4

„Da war so ein Mann. Der war wie ein Vater. Er hat mich herausgezogen." Das flüsterte mir meine Tochter am 23. Oktober 2010 zu. Ein schrecklicher Unfall. Die Welt stand für mich still. Zwei Wochen kämpfte mein Kind um sein Leben. Da war sie wieder … diese Kälte des Todes. Nein, sie war gewiss keine Unbekannte für mich.

Ich habe nun 65 Jahre meines Lebens „hinter mich gebracht" – so könnte man es oberflächlich ausdrücken. Das Leben hat es gut gemeint mit mir: Eine tolle Frau an meiner Seite und vier wundervolle Kinder. Letztere haben mittlerweile alle ihre eigenen Familien. Ich betrachte dies als absolutes Geschenk Gottes. Außerdem hatte ich noch einen genialen Job. Ich weiß, dies alles hört sich nach heiler Welt an. Doch dies war leider nicht immer der Fall. Mein Leben wurde lange Zeit von Armut, Tod und Sucht bestimmt.

Der Start in mein Leben verlief ziemlich holperig und sorgte gleich für große Hektik. Ich kam wohl als kleines, lebloses Bündel auf diesem Planeten an. Meine Mutter erzählte mir Jahre später, ich sei tot geboren worden. Damals wurden offensichtlich sämtliche Wiederbelebungsmaßnahmen an mir vollzogen – mit Erfolg.

Ich denke, dass mit diesem traumatischen Geburtserlebnis eine negative Seite meines Daseins ins Rollen kam. Diese unbewusste Todeserfahrung knebelte mich einen Großteil meines Lebens.

Ich wuchs in ärmlichen Verhältnissen auf. Das war zu jener Zeit nichts Außergewöhnliches. 16 Personen bewohnten auf zwei Etagen ein kleines Haus. Ich habe jedoch nie etwas vermisst, denn mittendrin war er – mein Opa. Ich habe ihn über alles geliebt.

Doch dann kam dieser 20. März 1961. Mein Opa lag im Sterben. Ich wollte unbedingt zu ihm, doch ich durfte nicht. Ich konnte in meiner großen Verzweiflung, in diesem Nicht-Verstehen, nur noch flüstern: „Opa … Opa …" Ich hasste den Tod.

Dieser Hass trieb mich als Heranwachsender in die Sucht. Drogen und deren Beschaffung bestimmten von nun an mein Leben. Ich wurde kriminell. In dieser Zeit verlor ich mehrere Menschen, die mir sehr nahestanden. Ich hasste den Tod und spielte doch dabei mit meinem eigenen Leben. Da der Jähzorn in mir sehr ausgeprägt war, waren mir Wut und Gewaltausbrüche nicht unbekannt. Sie endeten meistens in wüsten und heftigsten Schlägereien.

Ich war nicht unbedingt der Sohn, den sich Eltern wünschten. Meine Mutter sagte einmal in ihrer Verzweiflung zu mir: „Du bist mein Sargnagel." Dies schien sich dann auch zu bewahrheiten. Meine Mutter starb im Alter von 51 Jahren, und dieser Satz lag lange Zeit als schwere Last auf mir.

Eine Kehrtwende erlebte ich, als ich im Drogenrausch mit einem Kreislaufkollaps zusammenbrach. Dieses Ereignis war meine Rettung. Mit der Hilfe eines Arztes, der an meiner Seite war, „durchkotzte" ich diese akute Zeit des Entzugs. Es war die Hölle. Doch ich wollte leben!

Dieser unbändige Drang fand seinen absoluten Höhepunkt, als ich die Liebe meines Lebens fand. Sie ist bis heute an meiner Seite und doch gleichzeitig die größte Herausforderung für mich. Ich bekomme immer noch Gänsehaut, wenn sie mir zuflüstert: „Ich liebe dich!"

Das sind nicht nur Worte. Wir gingen durch dick und dünn. Wir mussten erleben, dass durch meine Schuld ein Mensch sein Leben verlor. Da war ich … wieder vor dem Richter.

„Schuldig … schuldig … schuldig … Du hast kein Recht mehr zu leben!" – so tobte es in mir.

„Schuldig … schuldig … schuldig!" Hatte man nicht schon vor 2000 Jahren diese Worte einem Mann zugebrüllt? „Kreuzige ihn … kreuzige ihn!"

Er hatte keine Schuld. Aber er trug meine!

Er trug die Schuld der ganzen Welt, und durch seinen Kreuzestod sprach er uns frei. Also galt dies auch für mich!

Denn also hat Gott die Welt geliebt,
dass er seinen eingeborenen Sohn gab,
auf dass alle, die an ihn glauben,
nicht verloren werden,
sondern das ewige Leben haben (Joh 3,16 LUT).

Ich entschied mich wieder für das Leben. Ich wollte es mit diesem Gott, diesem Jesus versuchen. Ich hatte nichts mehr zu verlieren, konnte nur noch gewinnen.

Lange therapeutische und seelsorgerliche Gespräche führten mich ins Leben zurück. „Du wurdest ins Leben geliebt." – Diese Aussage einer sehr weisen Frau ließ mein verwundetes Herz heilen.

Herzflüstern … ja manchmal ist es auch ein Toben und Schreien. Es ist letztendlich eine Suche nach Leben.

Die letzten Worte, die mein Papa mir kurz vor seinem Tod zuflüsterte, waren noch ein wichtiger Schritt auf dem Weg zur Heilung meiner Lebensgeschichte: „Ich hab' dich lieb!"

Liebe Gott und deinen Nächsten … wie dich selbst. Meine Lebensgeschichte anzunehmen – und damit mich selbst –, empfand ich als den schwersten Prozess auf dem Weg der Heilung meines Herzens und meiner Person. Dies alles erfuhr ich durch die Liebe meiner Frau. Liebe kann man nicht erklären, aber die Auswirkungen sind in unserem Leben erkennbar … auch mit Gänsehaut.

Kapitel 18

Danke

Diese Geschichten haben mich sehr berührt. Ich empfinde es als unbeschreiblich wertvoll, wenn Menschen ein Stück ihrer Geschichte teilen und Herzenseinblicke gewähren.

Während des Verfassens dieses Buches hatte ich den Impuls, in den sozialen Netzwerken einmal nachzuhaken, welches Herzflüstern meine dortigen Kontaktpersonen bewegte, welches Flüstern sie anderen schenkten bzw. selbst gehört haben. Hier eine kleine Auswahl:

- *„Du bist geliebt!"* (Erwin K.)
- *„Wir sehen uns bei Jesus wieder in der Ewigkeit."* (Ulrike F. zu ihrem sterbenden Mann)
- *„Ich bedanke mich für mein Leben."* (Ein im Sterben liegender Vater zu seiner erwachsenen Tochter, von Ina S.)
- *„Du bist einzigartig!"* (Kristina B.)
- *„Weil bei einem Trauma das ICH verlorenging, braucht man ein DU, um es zum Leben zu erwecken, indem man leise spricht: Ich liebe dich!"* (Ellen Z.)
- *„Vertrau mir! Hab keine Angst, ich bin bei dir!"* (Stefanie H.; in einer bedrohlichen Situation hörte sie dieses Flüstern.)
- *„Jesus liebt dich!"* (Marius B.; als er diesen Satz hörte, veränderte sich sein ganzes Leben, welches zuvor noch in Trümmern lag.)
- *„Mein Kind, während du ganz nah an meinem Herzen bist, werden Kriege um dich durch mich gewonnen."* (Katja V.)
- *„Du bist der allerbeste Papa auf der ganzen Welt, aber Jesus hab' ich ein klein bisschen mehr lieb als dich."* (Holger Z. hörte dies von seiner 6-jährigen Tochter.)

- *„Ich habe dich gewollt!"* (Dies hörte eine Dame, die vor der Geburt eigentlich abgetrieben werden sollte.)
- *„Du kannst loslassen ..."* (Andrea S. zu ihrer sterbenden Mama)
- *„Du bist mein geliebter Sohn, ich hab' dich lieb."* (Rainer Z.)
- *„Ich bin dir näher als du glaubst – Gott."* (Melody K. empfing diese Textnachricht von einem Freund, einen Tag, nachdem sie folgende Verzweiflung Richtung Himmel geschrien hatte: „Wenn es dich wirklich gibt, dann gib mir ein Zeichen!")
- *„Es ist jetzt alles gut, du darfst gehen."* (Antje H. zu ihrem sterbenden Papa; im Anschluss sang sie ihm das Lied „Von guten Mächten wunderbar geborgen" vor.)

Herzlichen Dank allen, die ihre wunderbaren Momente des himmlischen Flüsterns mit der Welt teilen ...

Kapitel 19

Geflüsterte Reue

Kennt ihr das, wenn das schlechte Gewissen einen überkommt, wenn jemand um Verzeihung bittet? Oder wir jemanden um Verzeihung bitten? Diese Reue ist mir noch nie schreiend begegnet. Es waren meistens sehr leise gesprochene Worte; nicht selten wurden sie nur gestammelt. Allein über dieses „Reueflüstern" könnte ich ein extra Buch schreiben. Wohl auch deshalb, weil ich eine Menge Schuld auf mich geladen habe.

So manche Wege habe ich noch vor mir – zu Menschen, die ich um Verzeihung bitten sollte. Einige davon bin ich aber schon gegangen und habe auch in anderen Büchern schon darüber geschrieben. So ging ich z. B. zu meiner Ex-Frau und zu meinem wunderbaren Sohn und bat flüsternd um Verzeihung, und zu vielen anderen auch. Stets waren die Beine schwer wie Blei, mein Verstand rebellierte, aber mein Herz trieb mich weiter. Immer weiter in Richtung Freiheit.

Diese Wege, diese Gespräche waren oft innere Kämpfe für mich, aber stets wurde ich ein Stückchen freier dabei. Ich weiß nicht, wie ich es richtig ausdrücken soll. Jesus hat uns ja durch sein Leiden und Sterben wahrhaft frei gemacht, und ich habe dieses Geschenk angenommen. Und doch sind da noch ein paar Dinge, die mich bedrücken.

Je größer die Schwierigkeiten, die man überwand, desto größer der Sieg (Marcus Tullius Cicero).

Gott hat uns nie versprochen, dass unser Leben einfach wird, aber er hat uns versichert, dass er für uns da ist. Ich glaube, dass ab dem Moment, wo Jesus in unserem Herzen wohnt, wir ein neues Herz haben; dass wir lernen, aus einer erlösten Sichtweise neu zu denken, neu zu handeln; dass wir rückblickend so manches anders sehen und anders bewerten; dass wir dadurch erkennen, dass wir die Vergangenheit nicht ändern können, uns aber mit ihr versöhnen und das Hier und Jetzt mit Liebe gestalten können.

Ich selbst durfte erleben, dass Versöhnung zugleich das Ende von Flucht ist. Ab dem Tag meiner Versöhnung mit meinem Papa musste ich nicht mehr vor ihm fliehen, ihm ausweichen – ich konnte mich meinem vergangen Leben stellen und sah vieles in einem ganz anderen Licht. Wenn mein Papa früher zeitgleich mit mir im Supermarkt auftauchte, versteckte ich mich hinter den Regalen. Mit dem Tag der Versöhnung musste ich mich nie mehr vor ihm verstecken.

So habe ich auch vielen anderen mein Versagen und meine Schuld eingestanden, auch in meiner Sportschule und in meinen öffentlichen Auftritten …

Wahrheit macht frei! Es stimmt! Ich habe es erlebt und erfahre es fast täglich neu. Jesus *sagte* uns nicht nur die Wahrheit, sondern *ist* zugleich die Wahrheit in Person.

Dieses Kapitel verfasste ich am 23. November 2020 inmitten des zweiten Corona-Lockdowns in Deutschland. Die Medien, Experten, Politiker, ja, fast alle Mitbürger haben so ihre eigene Wahrheit. Meinungen scheinen nicht mehr diskutierbar zu sein. Wer nicht des einen Meinung teilt oder des anderen, egal aus welcher Richtung, der hat vielleicht schon ein Problem. So viele Wahrheiten, die uns fast täglich aus allen Richtungen erschlagen. Doch können alle Recht haben? Hat Rechthaberei an sich schon ein Menschenherz gewinnen können? Wer hat nun Recht? Was ist Wahrheit? Diese Frage stellte schon Pilatus Christus selbst.

Wie froh bin ich, den zu lieben und auf den zu bauen, der die Wahrheit in Person ist – ihn sogar *mitten in meinem Herzen* zu wissen.

Vergebung ist ein unermessliches Geschenk, sowohl für den Vergebung Suchenden, als auch für den Vergebenden. Mit diesem Wissen stellte ich mich meinen Ängste und ging diese schwierigen Wege. Manchmal allerdings wurde ich buchstäblich spontan damit konfrontiert und praktisch zu einer Entscheidung gezwungen. Da hilft es einem zu wissen: „Liebe ist eine Entscheidung."

Kapitel 20

Kampf im Imbiss

Soweit ich mich erinnern kann, war es wohl 2017, als ich eines Tages beschloss, mir eine Kleinigkeit aus dem örtlichen Imbiss zu holen. Da es um die Mittagszeit war, herrschte reger Betrieb. Ich reihte mich in die Schlange der Wartenden ein. Gedankenverloren blickte ich mich um und sah aus dem Augenwinkel heraus meine frühere Lehrerin, Frau Müller[1].

Oh, was haben wir, einige meiner Mitschüler und ich, ihr angetan! Das letzte Mal, als ich sie als Lehrerin hatte, war vor 35 Jahren. In der Zwischenzeit hatte ich sie immer wieder einmal gesehen, aber stets aus der Ferne. Diesmal jedoch stand sie genau hinter mir. Sofort wurde mir meine Schuld bewusst, die mir von Jesus zwar vergeben war, aber in meinem Bewusstsein noch da war. Mein schlechtes Gewissen mahnte mich. Da fehlte wohl noch ein entscheidender Teil 2 der Vergebung.

Jetzt oder nie, dachte ich mir. Doch es meldete sich sofort eine Gegenstimme in mir, die mir sagte, ich solle mich nicht lächerlich machen und die Sache auf sich beruhen lassen – es war ja schon 35 Jahre her. Aber die Schuld, das schlechte Gewissen plagten mich. Was, wenn ich ihr noch öfter begegnen würde? Würde ich mich dann immer so fühlen? Müsste ich dann immer so gequält lächeln oder so tun, als hätte ich sie nicht gesehen? Nein, das wollte ich nicht. Was nun? Kämpfen? Eingestehen? Sich vielleicht lächerlich machen? Vielleicht sogar angeklagt werden wegen meines moralischen Fehlverhaltens?

Mitten in dieser Menschenschlange traf ich meine Entscheidung, die Lehrerin um Verzeihung zu bitten. So drehte ich mich zu ihr um

---

[1] Name geändert.

und sprach sie direkt an: „Hallo Frau Müller, kennen Sie mich noch?" „Ja klar! Sie sind der Michael Stahl", sagte sie eher barsch, und irgendwie meinte ich noch, einen gewissen Schmerz darin zu hören, mit Anklage vermischt; vielleicht bildete ich mir das aber auch nur ein.

Und dann flüsterte ich ihr direkt vor der Käsetheke zu: „Frau Müller, ich war als Schüler so oft gemein zu Ihnen. Es tut mir von Herzen leid!" Kaum hatte ich diese Worte ausgesprochen, huschte ein Lächeln über ihr Gesicht, und ich meinte zu sehen, dass ihre Augen irgendwie leuchteten ...

Ich weiß nicht, ob man das einfach so vergleichen kann, aber irgendwie scheint es mir zuzutreffen: Gott ist ja Liebe, und die auf Gott schauen, werden leuchten wie die Sonne. Wenn wir also Liebe schenken und weitergeben, ist es dann nicht auch ein bisschen wie „Gott schauen"? Wäre dann nicht die logische Konsequenz, dass die, denen diese Liebe begegnet, ein gewisses Leuchten im Gesicht haben?

Meine Lehrerin suchte nach Worten und fand irgendwie keine ... ihr Lächeln genügte und sagte mehr als tausend Worte.

Als ich später zu meinem Auto ging, sah ich sie noch einmal. Ich holte ein Buch mit meiner Lebensgeschichte aus dem Kofferraum: „Hier noch ein Geschenk, Frau Müller. Vielleicht erklärt darin so manches mein Verhalten, was es aber nicht gutheißen oder gar entschuldigen soll. Nur zum besseren Verständnis." Sie lächelte mich erneut an, und wir beide waren tief bewegt. „Danke", flüsterte sie mir zu.

Seit diesem Tag bin ich frei, was Frau Müller anbetrifft. Nie mehr muss ich ihr irgendwie aus dem Weg gehen. Nie mehr so tun, als würde ich sie nicht sehen ...

Die Entscheidung an der Käsetheke war die richtige. Übrigens, keine Entscheidung zu treffen, ist auch eine Entscheidung; und sich für Liebe zu entscheiden, bleibt in Ewigkeit ...

Kapitel 21

Nur ein Spaziergang

Es sollte nur ein ganz normaler Spaziergang werden. Doch was ist schon normal? So oft hatte ich dabei wunderbare Begegnungen. Während des ersten Lockdowns in Deutschland kam ich mit vielen Menschen ins Gespräch, die im gewohnten Leben eher selten so ausgepackt hätten.

Spontan muss ich an einen älteren Mann denken, einen angesehenen Geschäftsmann, der stets einen flotten Spruch parat hatte. Er war mit seiner Frau unterwegs. Irgendwie meinte ich schon von Weitem ihre Angst im Gesicht zu erkennen. Wir grüßten uns, sie hielten Abstand und ich respektierte das. Kaum hörbar auf diese Distanz, flüsterte er mir gegen den Wind zu. „Was soll nur werden? Wir wissen nicht mehr weiter …"

Dieses Angstflüstern erschreckte mich. Am liebsten hätte ich sie beide nur ganz lange „geknuddelt", einfach in meinem Arm gehalten, die beiden älteren Herrschaften. Ich erzählte ihnen von Gott, dass er letztendlich alles unter Kontrolle hat. An diesem Tag, so glaube ich, wurde ein kleiner Same der Hoffnung gesät. Ich denke, im normalen Leben hätte der Mann sich nie die Blöße gegeben, über Hoffnungslosigkeit und Angst zu sprechen. So hatte ich in dieser Zeit einige Gespräche, die es wohl vor der Pandemie nie gegeben hätte.

Doch was ich eigentlich erzählen wollte, geschah einige Monate vorher. Ich brauche oftmals die Abgeschiedenheit im Wald, abseits vom Lärm dieser Welt. Schon als Kind flüchtete ich sehr oft in die Einsamkeit. Heute ist es weniger eine Flucht, als vielmehr ein Abschalten, um mit meinem vertrauten Gott in der Schöpfung eine Zeit zu verweilen und dabei Kraft und Ruhe zu tanken.

So machte ich mich wieder einmal auf, um in den Wald zu gehen. Ich steuerte meinen gewohnten Parkplatz an und verließ mein Auto.

Kaum hundert Meter vom Auto entfernt, traf ich Petra[1]. Unglaublich! Ich sah sie heute zum ersten Mal wieder seit etwa 35 Jahren.

Was hatte es mit Petra auf sich? Nun, ich wurde in der Schule oft gemobbt; und was nicht viele wissen: Ab und zu habe ich, was ich „von oben" einstecken musste, „nach unten" weiter ausgeteilt. *Verletzte Menschen verletzen andere Menschen.* Böse Worte, die ich von meinem Papa und meinen Mitschülern gehört hatte, gab ich eins zu eins an sie und an andere weiter: „Du bist doof." – „Du bist hässlich." – „Hau ab!" … Ja, ich gab das weiter, was ich selbst bekommen hatte; aber das rechtfertigt die ganze Sache überhaupt nicht! Letztendlich hatte ich auch hierbei stets eine Entscheidung getroffen.

Als ich Petra nun wiedersah, pochte mein Herz und in meinem Magen machte sich ein komisches Gefühl breit. Wieder einmal Angst, Schuldgefühle und ein schlechtes Gewissen, sogar nach so vielen Jahren. Diese Dinge ziehen sich einfach in irgendeine Ecke unserer Erinnerung zurück, bis sie aus bestimmtem Grund auf einmal wieder hervorspringen. Einerseits habe ich das tiefe Bewusstsein, dass mir vergeben ist, und doch wurde ich immer wieder mit meinen alten Taten konfrontiert. Da werden wohl noch einige Kämpfe auszutragen sein.

Meine Gedanken kreisten und suchten nach einem Ausweg. Das bekannte Szenario, wie an der Käsetheke, fand in meinem Kopf und meinem ganzen Körper statt. Ich überlegte, ob ich einen anderen Weg gehen sollte oder zurück ins Auto … Doch mit jedem Meter kamen wir näher aufeinander zu. Ich spürte tief in meinem Herzen, dass Gott mich zu einer Entscheidung drängte, und dass das Resultat sowohl Petra als auch mir ein Segen sein sollte.

Da stand sie vor mir und wir schauten uns an. „Hallo Petra", flüsterte ich fast schon. „Kennst du mich noch?" Ich war verlegen, das schlechte Gewissen stand mir wohl in die Augen geschrieben. Ihr Blick sagte mir, dass sie eine Ahnung hatte.

„Wie heißt du?"

„Michael Stahl", bekannte ich kleinlaut. Ihre Antwort versetzte mich in eine tiefe Scham. „Ob ich dich kenne …?" Oh Mann, in den paar Worten schwang etwas mit, das mich in tiefe Scham versetzte.

---

[1] Name geändert

Ich spürte genau, was sie mir alleine mit dieser rhetorischen Frage alles mitteilte – Enttäuschung, Verletzung, Schuld ...

Ich brauchte ein wenig, um die richtigen Worte zu finden: „Petra, es tut mir von Herzen leid, was ich dir als Kind angetan habe." Die Worte trafen uns beide mitten ins Herz. Es tat einfach nur gut.

Auch sie brauchte eine kleine Weile, um Worte zu finden: „Viele haben mir sehr weh getan, aber du sollst wissen, dass ich dir schon lange vergeben habe." Und am Ende schenkte sie mir noch ein Lächeln. Ein Freispruch nach so vielen Jahren!

Ich bin so froh, dass ich damals diesen Weg ging und nicht umkehrte. Was ich Petra angetan hatte, hatte Gott mir bereits vergeben und Petra nun auch.

Seit dieser Begegnung sehen wir uns öfters. Nie mehr musste ich Angst davor haben. Wir beide wurden an diesem Tag von Gott selbst beschenkt. Er hatte es so geführt. Er sehnt sich so sehr danach, dass wir versöhnt miteinander leben. Sein Vaterherz wünscht sich, dass wir aufeinander achthaben, ja, dass wir einander lieben, wie er uns liebt.

Kapitel 22

Diebstahl

Noch ein unrühmliches Kapitel in meinem Leben. Die Jungs, die mich in der Klasse über Jahre hinweg mobbten, schienen eine verschworene Gemeinschaft zu sein, eine Bande. Ich muss so zwischen zehn und zwölf gewesen sein, als sie mir signalisierten: *Wenn du bei uns mitmachst, dann gehörst du dazu.*

Dazugehören? Teil einer Bande zu sein? Ja, das wollte ich. Ich hatte es satt, ein Außenseiter zu sein, stets der Arme und der Sohn des Faulenzers und Alkoholikers. Ich wollte dazugehören.

Ich spürte sehr schnell, dass ich die Jungs damit beeindruckte, wenn ich mit ihnen klaute. Wir klauten Süßigkeiten und diverse Artikel für die Schule. Ich glaube, ich klaute am meisten von allen. Im Nachhinein denke ich, ich tat es, damit sie mich nicht mehr quälen oder ausschließen würden. Das Klauen war meine Eintrittskarte in den Club der Coolen. Was für ein trauriger Irrtum!

Es wurde zur Gewohnheit. Der Anfang fiel mir schwer, aber wenn die Lawine erst einmal ins Rollen kommt, ist sie kaum noch aufzuhalten.

Immer wenn ich irgendwo die Polizei sah, dachte ich, sie kommen wegen mir. Das war der Preis; ich verlor ein weiteres Stück Freiheit. Das Mobben und Quälen der Jungs wurde zwar weniger, doch dafür der Schmerz und die Ängste größer. Ein schlechter Tausch! Doch ich hatte „Glück". Während einige meiner Mittäter erwischt wurden, wurde ich nie ertappt. Nicht dass ich mich dessen rühmen würde …

Von denen, die mich oft verletzten, erfuhr ich Jahre später, dass auch sie es schwer gehabt hatten. Verletzungen und der Mangel an Liebe kennzeichneten ihr Leben genauso wie meines. Heute verstehe

ich sie, ohne sie (und mich) jedoch aus der Verantwortung für ihr
Handeln zu entlassen.

Einige der Ladenbesitzer leben heute noch, auch wenn ihre Läden
alle (bis auf einen) in den letzten Jahrzehnten geschlossen haben.
Oft, wenn ich die ehemaligen Besitzer sah oder an den alten Läden
vorbeikam, konfrontierte mich mein Gewissen mit meinen damali-
gen Taten.

Eines Tages begegnete ich dem alten Hans[1]. Auch in seinem Laden hatte ich geklaut. Und wieder spürte ich den Druck im Magen,
den Kloß im Hals ... die schweren Beine. Es ist stets derselbe Ab-
lauf, aber immer neu. Ich suchte – mal wieder – nach den richtigen
Worten. Ich wollte nicht enttäuschen, aber ich musste jetzt Farbe
bekennen.

„Hans", rief ich ihm entgegen.

„Ja Bub, was ist los?", erwiderte er freundlich.

„Hans, ich weiß gar nicht wie ich es sagen soll ... äh, ich habe
früher in deinem Laden geklaut."

Kurz herrschte Funkstille zwischen uns. Wie würde er reagieren?
Was käme als Nächstes?

Und dann geschah etwas, womit ich nie gerechnet hätte. Er lächelte mich liebevoll, ja sogar verständnisvoll an und flüsterte mir
entgegen: „Das weiß ich doch, ihr habt doch damals alle geklaut ...
Ich wusste es immer."

Krass! Er hatte es gewusst und nie etwas gesagt. Er klagte mich
nie an, stellte mich nie bloß, mich, den Gauner. Unbeschreiblich!
Ich durfte an diesem Tag wieder vieles lernen. Seine Beweggründe
sind wohl tiefer, als ich fassen und erklären kann.

Fakt ist, dass jedes Mal, wenn ich mit meinen „Altlasten" konfrontiert wurde und mich dem Kampf stellte (wenn auch mit wack-
ligen Beinen), alle Beteiligten reich beschenkt wurden. Es hätte
auch gut sein können, dass meine Bitte um Verzeihung abgelehnt
würde. Auch das wäre völlig okay, denn Liebe erwartet ja nichts, ist
aber selbst bereit, alles zu geben und zu hoffen.

Nun kann ich denen frei begegnen, die ich beleidigt, verletzt
und bestohlen habe, zumindest was Frau Müller, Petra und Hans

---

[1] Name geändert

anbelangt. Allein bei dem Gedanken, dass noch einige Begegnungen kommen werden, die mir dieselben Kämpfe und Entscheidungen abverlangen werden, spüre ich noch die bekannte Angst. Aber ich werde sie wieder überwinden, denn die Freiheit danach hat viel mehr Gewicht als die Angst davor.

Nur so am Rande: Auch meine Mama habe ich bestohlen. Es waren ein paar Mark. Ich brauchte fast 40 Jahre, um ihr das zu beichten. Als ich es tat, hat sie mir mit einem Lächeln vergeben. Sie wird das hier lesen. Mama du bist die Beste, ich liebe dich.

Was bleibt als Fazit aus allen diesen Erlebnissen?

- Heute bewusst in Liebe zu leben?
- Sich für die Liebe zu entscheiden?
- Andere zu ehren, und sich damit auch selbst etwas Gutes zu tun?
- Sich aber auch dessen bewusst zu sein, dass alles Schlechte und Verletzende genauso uns selbst trifft?

Obwohl ich als Christ weiß, dass mir meine Schuld vergeben wurde, war sie selbst nach zig Jahren noch präsent. Vergebung scheint uns einen zweiten Teil abzuverlangen, nämlich dass wir dem, den wir geschädigt haben, den gleichen Frieden gewähren, den wir selbst durch Jesu Vergebung empfangen dürfen. Erst dann ist auch unser eigenes Herz im vollkommenen Frieden darüber.

Vielleicht wird es nötig sein, noch ein paar mutige Entscheidungen zu treffen und einige schwere Wege zu gehen. Irgendwie verborgen, wie hinter einem Nebel, wartet ein weiteres Stück Freiheit auf uns. Mag sein, dass uns eine fremde, böse Macht einflüstert: „Geh nicht!" – „Der andere muss um Verzeihung bitten." – „Lass die Sache auf sich beruhen!" – „Sei nicht albern, das ist schon so lange her!" – „Mach dich nicht lächerlich!" – „Denk an deinen Stolz!" … Doch wer sagt, dass wir darauf hören müssen?

Ich persönlich habe viel zu oft und zu lange auf diese Art der Einflüsterungen gehört. Sie hielten mich gebunden und gefangen. In diesem Gefängnis konzentrierte ich mich auf die Schuld der anderen. Mag sein, dass es sogar eine Art Selbstschutz war. Ich hatte ja schon mit all meinen Verletzungen, dem Mangel an Liebe und vielen unerfüllten Sehnsüchten zu kämpfen. Vielleicht dachte ich, dass es mir zu viel würde, wenn ich mir zu all dem noch mein eigenes Versagen und die Berge von Schuld anschauen würde, die ich selbst auf mich geladen hatte. Wer nach den Fehlern der anderen schaut, muss seine eigenen nicht anschauen und relativiert sein eigenes Verhalten. Wie treffend ist wieder einmal, was Jesus dazu sagt: *„Warum siehst du den Splitter im Auge deines Bruders, aber den Balken in deinem Auge bemerkst du nicht?"[2]*

Ich denke, ich wollte diesen Balken nicht sehen. Wie bewegend die Tatsache doch ist, dass Jesus an diesem Balken elendig verblutete – auch für meinen Balken.

Das Erkennen der eigenen Schuld und die sofortige Korrektur empfinde ich als lebensnotwendig. Wenn wir ohne klärende Gespräche, ohne den Willen der Vergebung oder gar der Versöhnung leben, wirken unsere Worte und Taten wie ein Gift, das uns in unserer Seele nach und nach tötet. Wir brauchen sofort ein wirksames Gegenmittel, welches die Liebe ist. Meine Oma lehrte mich manchmal inständig: *„Versöhne dich immer, bevor die Sonne untergeht; denn du weißt nie, was morgen ist."*

Die Gefahr, dass wir uns an das Negative gewöhnen, ist riesengroß. Immer wieder kommt etwas Neues hinzu. Wir finden uns mit Lieblosigkeit, Schweigen und Streit ab. Unser Herz stumpft ab und wir nehmen die Dinge einfach als gegeben hin. Die Last wird für uns normal und wir merken oft erst, dass wir sie getragen haben, wenn sie uns von den Schultern genommen wird.

So habe ich mir Gottes Flüstern mehr und mehr zu Herzen genommen.

Jagt dem Frieden nach … (Hebr 12,14 LUT).

Je mehr mir – nach der Versöhnung mit meinem Papa – dies alles klar wurde, desto stärker wurde auch die Sehnsucht, mehr davon zu erleben. Ich witterte den „Duft" von Freiheit. Zu oft hatte ich mich auf irgendwelchen Plätzen und in diversen Gebäuden vor den unterschiedlichsten Menschen versteckt. Niemand durfte wissen, wo ich

---

[2] Vgl. Lk 6,43: Wie kannst du zu deinem Bruder sagen: „Halt still, ich will dir den Splitter aus dem Auge ziehen!" – siehst aber den Balken in deinem eigenen Auge nicht? Du Heuchler! Zieh zuerst den Balken aus deinem Auge! Dann wirst du klar sehen und den Splitter aus dem Auge deines Bruders ziehen können (NeÜ).

wohne. Keiner sollte erfahren, wer mein Papa war. Jeden, der näher an mein Herz wollte, wies ich ab. Ich war fast ständig auf der Flucht – ein Getriebener. Ich hörte zu lange auf dieses Flüstern *ohne* Liebe und Versöhnung, das mich in meinem feigen und schlechten Handeln bestätigte. Ich saß in einem unsichtbaren Gefängnis fest.

Doch nun bin ich frei. Frei, um weitere Wege zu gehen. Auch der Heilungsprozess kann schmerzen. Mut bedeutet nicht, keine Angst zu haben, sondern über die Angst hinwegzugehen. So wünsche ich dir den Mut, falls notwendig, die Wege des Versöhnens zu gehen. Oder einfach nur den Mut und die Kraft, dort ein leises „Verzeih mir" zu flüstern, wo es zum Segen wird. Es bewirkt Wunder!

Unser Welt braucht eine Menge Wunder. Warte nicht, bis die anderen zu dir kommen, mach du den ersten Schritt. Es kann nämlich sein, dass sie nie kommen. Ich sagte mir viel zu oft: „Warum ich?" In meiner Bockigkeit bemerkte ich gar nicht, wie sehr ich mir selbst damit geschadet hatte. Ich sehnte mich nach Wundern und vergaß dabei, dass Christus selbst das schönste und wundervollste Wunder ist, das bereits in meinem Herzen wohnt; und somit kann auch ich diese Wege gehen, um mit seiner Kraft selbst dieses Wunder zu sein.

Die Welt braucht dringend solche Wunder, sie braucht dich! Gott hat dich aus Liebe geschaffen, auf dass du ein Licht in dieser Welt bist. Du sollst sein Mund sein, seine Arme und seine Beine.

Du sehnst dich nach Wundern? Warte nicht, bis eins geschieht! Du bist selbst ein Wunder!

Kapitel 23

Knastgeflüster

Ich kann mich noch gut daran erinnern, wie aufgeregt ich war, als mein erster Vortrag in einem Gefängnis bevorstand. Tausend Gedanken schossen mir durch den Kopf. *Wie wird das Gesagte ankommen?* Ich durchlebte einen wahres Gedankenrodeo.

Gedankenrodeo? Ja! Je intensiver diese Gedanken und die damit verbundene Angst uns beherrschen, desto wilder wird das Ganze. Unserer Gedanken drehen sich um sich selbst und machen Bocksprünge, bis wir abgeworfen werden und resigniert im Staub liegen. Dann ist es wichtig, aufzustehen und sich den Staub aus den Klamotten zu klopfen! Soweit war ich allerdings noch nicht. Ich zweifelte schließlich, ob es überhaupt das Richtige sei, im Gefängnis zu sprechen.

Mein erster Auftritt sollte an einem Sonntagmorgen anlässlich eines Gottesdienstes stattfinden. Am Abend davor strahlte irgendein TV-Sender die Wiederholung eines *Tatorts* aus. Und genau diese Folge spielte in einem Gefängnis, oh Mann! Der Inhalt ist schnell erzählt. Ein Gefangener war zugleich der Gefängniskoch. Dieser kam in den Besitz einer Schusswaffe, schoss sich damit den Weg frei und konnte letztendlich entkommen.

Der Film hatte es in sich. Warum hatte ich mir die nur angeschaut? Mein Gedankenrodeo drohte, außer Kontrolle zu geraten. Daran lasse ich euch besser nicht teilhaben! Irgendetwas in mir sagte: *Geh dem Gefängniskoch aus dem Weg!* ☺

Auf der Fahrt ins Gefängnis hatte ich einen permanenten Magendruck und einen Kloß im Hals. Endlich angekommen, wurde ich nach etlichen Sicherheitsmaßnahmen von einem coolen Typen fürs Knastradio interviewt. Anschließend sollte ich den Rest der Truppe treffen. Die Anspannung stieg.

Noch bevor ich den Raum betrat, in dem etwa 25 Gefangene saßen, fragte ich den Typen, der mich interviewt hatte, was er denn sonst im Knast mache, wenn er gerade nicht für den Sender tätig sei. Er lächelte mich an und sagte trocken: „Ich bin der Koch."

Mir blieb die fast die Spucke weg. Vor meinen inneren Augen erschien sofort die Blutspur, die der Gefängniskoch im *Tatort* am Abend zuvor hinterlassen hatte. Mir wurde die Absurdität der Situation bewusst und ich musste herzlich lachen. Mein Gegenüber verstand gar nichts mehr … Ich versprach ihm, meine Gedanken gleich mit allen zu teilen.

Da saßen sie nun vor mir, und ich fing mit dem an, was mich all die Tage umgetrieben hatte. Ich erzählte von meiner Unsicherheit, meinem Zweifel, dem *Tatort* und dem Koch – und auch von meinem neuen Freund, dem Gefängniskoch. Diese Ehrlichkeit löste alle Furcht und Verkrampfung auf, und wir hatten eine sehr wertvolle gemeinsame Zeit.

Im Anschluss an meinen Vortrag kamen viele der Männer zu mir und flüsterten mir ihre unerfüllten Sehnsüchte zu. Ich durfte wieder einmal lernen, dass die allermeisten meiner negativen Gedanken und Gefühle nicht nur völlig sinnlos sind, sondern an der Wahrheit sogar gänzlich vorbeigehen. Das Einzige, was sie bewirken, ist, dass sie unser Handeln im Hier und Jetzt negativ beeinflussen und unser Leben erschweren. Deshalb steht wohl so oft „Fürchte dich nicht!" in der Bibel. Gott weiß, was die Angst in uns anrichtet.

In den letzten Jahren durfte ich in vielen Gefängnissen aus meinem Herzen berichten. Egal ob im Jugendgefängnis oder im geschlossenen oder offenen Erwachsenenvollzug, es sind Unzählige, die mir an diesen Orten ihr Herz ausschütteten; genug Erlebnisse für ein extra Buch. Doch ein paar Ereignisse möchte ich euch noch „zuflüstern".

Es war in einem Gefängnis irgendwo in Baden-Württemberg. Ich wurde von einem evangelischen Pfarrer eingeladen, ein toller Mann! Er kannte aufgrund meiner Bücher meine Geschichte und erzählte mir von den Baustellen seines Lebens.

Der Raum füllte sich zusehends. Es herrschte eine gespannte Atmosphäre, ein gegenseitiges „Abchecken". Sehr schnell kam ich mit einigen Jungs ins Gespräch. Das Eis schmolz. Ich begann, „Miggis", also meine, Geschichte zu erzählen.

Zu 99 Prozent war es auch ihre Geschichte, denn die meisten, die mir in Gefängnissen ihr Herz ausschütten, haben Gewalt von ihren Vätern erfahren oder sind ohne einen Papa aufgewachsen. Manche versuchten, ihre Tränen zurückzuhalten. Viele hielten krampfhaft an ihrem Pokerface fest. Ich verstehe sie total. Doch wenn einer weint, dann kann geschehen, dass es mehr werden, die sich ihrer Tränen nicht mehr schämen.

Links von mir saß ein kräftiger Bursche, die Welt würde sagen, ein gefährlicher Typ. Doch ich sah etwas in ihm, das vielleicht mancher noch nicht bemerkt hatte. Ich sah einen „kleinen verletzten Jungen", der, wie einst Miggi, sich nur nach Liebe sehnte. Ich bemerkte, wie er innerlich mit sich kämpfte, seine Tränen vor den anderen zurückzuhalten.

Als ich fertig war, übernahm der Pfarrer das Wort. Dieser schon ältere Mann stand mit Tränen vor den Anwesenden und berichtete mit leiser, sanfter Stimme aus seinem Leben. So ehrlich und schonungslos … Das saß! Es war ein heilige Atmosphäre in dem Raum.

Einige suchten im Anschluss das Gespräch. Schließlich waren nur noch eine Handvoll Leute im Raum, darunter auch ein großer, kräftiger Typ, der sich als Christ bekannt hatte. Er stand mit dem Pfarrer ein paar Meter von mir entfernt.

Dann kam dieser besondere Moment, in dem der Kerl, der links von mir gesessen hatte (er mochte Ende dreißig sein) auf mich zukam. Er rang mit sich. Fast schon schüchtern und verlegen näherte er sich, was irgendwie nicht so richtig zu ihm passte. Als er mich erreicht hatte, flüsterte er mir zu: „Ich hab' gewartet, bis die anderen weg sind. Deine Worte haben mich sehr berührt. Ich kann nicht mehr so weiterleben. Ich bin völlig am Ende. Ich will einen Neuanfang!"

Wumm! Das ging mir ins Herz! Er erzählte mir von seinem Leben. Nachdem er sich vieles von der Seele geredet hatte, nahm ich ihn einfach in die Arme. Und dann fragte ich ihn, ob er mir vertraue. Ich wusste es ja bereits, sonst hätte er mir nicht sein Herz geöffnet.

Nach seinem „Ja" lud er gemeinsam mit den restlichen im Raum Jesus in sein Herz ein. Was muss das für ein Bild gewesen sein: Ein paar harte Jungs, ein alter Pfarrer und ich lagen uns in den Armen – Männer, die gemeinsam beteten, und einer davon flüsterte:

Jesus, leider ist mein Leben nicht so gelaufen, wie es hätte laufen sollen. Ich möchte dich heute in mein Herz einladen. Du siehst alle meine Schuld und meine ganzen Sehnsüchte; alles gebe ich dir. Danke, dass du für alle meine Schuld und auch meine Wunden gestorben bist. Gib mir ein neues Herz und ein neues Leben – Amen.

Der besonders große und kräftige Typ, der schon Christ war, versprach uns, dass er nun an der Seite des „Neulings" bleiben würde. Er erzählte uns auch, dass es einige Jungs im Gefängnis gäbe, die regelmäßig zusammenkämen, um in der Bibel zu lesen und gemeinsam zu beten.

Was an diesem Montagabend im Gefängnis geflüstert wurde, unbemerkt von der Welt, das erfüllte den ganzen Himmel mit Freude …

Es ist so viel, was ich in den Gefängnissen erleben durfte. Wie oft flüsterten die Männer mir zu, wie sehr sie ihre Familien vermissten, von ihren heimlichen Tränen und von ihrer Schuld.

Einmal flüsterte ein Häftling mir zu: „Leben ist die Summe der Stunden, in denen wir Liebe empfingen und weitergaben." Wie Recht er doch hat. Leben und Liebe gehören zusammen. „Ich bin das Leben", sagte Jesus selbst über sich; und „Gott ist Liebe" steht auf Papas Grabstein.

Als mein Papa diese Liebe empfing, ja, als er dieses Geschenk annahm, da begann er endlich zu leben. Und viele, denen ich im Gefängnis begegnen durfte und die anfingen, Jesus zu vertrauen, wurden frei – inmitten von Mauern, Gitterstäben und Stacheldrahtzäunen …

Ihr Flüstern von Vergebung und Freiheit dringt durch sämtliche Hindernisse hindurch und will die erreichen, die zwar „in Freiheit" leben, aber doch Gefangene sind …

Kapitel 24

Alis Flüstern

Er war schon zu Lebzeiten eine Legende. Mein Papa bewunderte ihn und erlaubte mir in seiner Begeisterung, dass ich gemeinsam mit ihm Muhammad Alis Boxkämpfe schauen durfte, manchmal, durch die Zeitverschiebung, bis in den frühen Morgen. Meistens saß ich auf dem Fußboden vor unserem alten Schwarz-Weiß-Fernseher. Eine Fernbedienung gab es nicht, außer mir.

Mit leichten Beinen tänzelte Ali um seine Gegner. Es schien, als könne ihm keiner was anhaben; und nach Niederlagen kam er noch siegreicher in den Ring zurück. Er war mutig und stark – das Gegenteil von mir. Wie oft flüsterte ich Gott zu, dass auch ich stark sein möchte. Ja, der Miggi von einst bewunderte Ali, aber auch andere Helden, wie Winnetou und Robin Hood. Später fand ich auch Don Camillo, Bud Spencer und Terence Hill super. Sie alle konnten kämpfen. Keiner machte ihnen so schnell etwas vor. Ich dagegen schlief so oft mit Angst ein und wachte mit noch mehr Ängsten auf. Was passiert heute in der Schule? Wer demütigt mich wo und wie? Solche und andere Fragen plagten mich und raubten mir viele Stunden Schlaf.

Und dann war da noch die Bitte an Gott, Ali einmal selbst begegnen zu dürfen. Zu abgefahren, zu überheblich, dachte ich mir dann selbst. Oft quälte mich auch eine innere Stimme, die mir meine Hoffnungen raubte und mir einredete, niemand wolle mich und meine Träume seien nur Seifenblasen, die eines Tages platzten. Wie sollte das auch geschehen, Miggi begegnet Ali?

Es war im Juni 2002, als mich ein unfassbarer Anruf erreichte. Ich wurde gefragt, ob ich, gemeinsam mit anderen, Muhammad Ali bei seinem Deutschlandbesuch beschützen wolle. Ich konnte es einfach nicht glauben. „Miggis" Flüstern von einst, seine Bitte an Gott, wurde wahr. Miggi aus einem kleinen Ort auf der Ostalb trifft die lebende Legende Muhammad Ali, ja, noch krasser: Miggi wurde beauftragt, Ali zu schützen. Solche Geschichten kann nur Gott schreiben. Wer sonst hört das leise Flüstern eines kleinen verängstigten Jungen und stellt solche Zusammenhänge her? Es hätte tausend Bessere gegeben als mich, um Ali zu schützen. Ich bin mir sicher: Das Flüstern von einst auf dem Fußboden unseres Wohnzimmers vor der alten Flimmerkiste drang an Gottes Ohr und mitten in sein Herz.

Mehrere Tage durfte ich an Alis Seite sein. Gemeinsam mit meinem Partner holten wir ihn am Flughafen in Dresden ab. Als ich in die Maschine hineinging, stand er zum ersten Mal vor mir. Seine Stimme klang schwach und sein Gang war unsicher, beides geprägt von seiner Parkinson-Erkrankung. Es war ein kaum zu beschreibendes Gefühl. In den Siebzigerjahren bewunderte ich ihn, wollte so stark sein wie er, und nun stand er vor mir, von Krankheit gezeichnet.

„Wer bist du?", fragte er mich flüsternd auf Englisch. Fast filmreif gab ich ihm meine Antwort, die ich Tage zuvor in diversen Selbstgesprächen geprobt hatte: „Ich bin dein Bodyguard, ich schütze dein Leben mit meinem."

Im Nachhinein dachte ich mir, ob das nicht zu dick aufgetragen war. Aber wenn Miggi schon auf Ali traf, dann sollten die ersten Worte ein wenig geschichtsträchtig sein.

Was meine Persönlichkeit anbetraf, war ich ansonsten in dieser Zeit ziemlich von Selbstzweifeln geprägt. Ich wurde von Minderwertigkeitsgefühlen geplagt, die ich allerdings so gut wie möglich verbarg und vor niemandem zugab.

So verbrachten Ali und ich drei gemeinsame Tage, die ich für immer in meinem Herzen tragen werde. Ali flüsterte stets. Sein Stimme war schwach; und je mehr die Kräfte des Tages verbraucht waren, desto mehr hatte ich das Gefühl, dass er litt.

Dann war da dieser Samstagmorgen. Wir hatten eine Hoteletage ganz für uns, nur Alis Tross bewohnte diesen Teil des Hotels. Ali signierte ein paar Autogramme. Seine Frau und sein Freund waren nicht anwesend, sodass ich ich einige Zeit mit ihm allein verbrachte.

Als er alle Fotos signiert hatte, stand er auf, schaute mich fragend an und bat mit sanfter Stimme: „Erzähle mir deine Geschichte." Wir standen uns von Angesicht zu Angesicht gegenüber, und er schaute mir tief in die Augen. Wenn ich darüber nachdenke, bin ich mir sicher, dass er der Einzige war, der meine Unsicherheit und meine Zweifel spürte.

Ich konnte es nicht glauben. Ali interessierte sich für mich, für Miggis Geschichte. So erzählte ich einiges aus meinem Herzen, was ich bis zu diesem Zeitpunkt im Prinzip nie getan hatte. Als ich fertig war, hielt er mich fest und küsste mich auf meine Wange.

Ich sitze hier in meinem Büro, schaue aus dem Fenster und überlege, wie ich am besten beschreiben kann, was in meinem Herzen damals vorging. Ich hatte Tränen in den Augen. Alis Kuss war wie ein Amen nach einem Gebet. Es war der Gipfel der Erhörung von Miggis einstigen Bitten. Gott hatte mein Flüstern gehört.

Die Begegnung mit Ali öffnete mir einige Türen in meinem Leben. Dafür bin ich allen dankbar, die mir das ermöglichten, und vor allem Gott, ohne den ich nichts hätte und gar nichts könnte.

Als mein Dienst in Sachsen beendet war und ich in meine Heimat zurückkehrte, da begegnete ich einem Freund meines Papas, und ich fragte ihn, was mein Papa so über mich denke, also im Speziellen über die Tatsache, dass ich Ali beschützt hatte. Ja, ich wollte es meinem Vater und der Welt zeigen, denen, die mir jahrelang prognostiziert hatten, ich sei ein Versager und könne nichts. Ihre Ablehnung war für mich zum Motor meines Lebens geworden. Ich tat im Prinzip alles aus falscher Motivation und aus meinem seelischen Schmerz heraus. Kein Wunder, dass mich auch dies nicht glücklich machte.

Papas Kumpel sagte mir, mein Papa sei sehr stolz auf mich. Das war Genugtuung pur. Aber warum erzählte er es seinen Freunden, und nicht mir? Ich brauchte doch so sehr seine Anerkennung. Die Gedanken darüber quälten mich zunehmend; dazu lebte ich in einer Beziehung, die so nie hätte sein dürfen. Ich war am Ende und flüchtete für einige Tage in ein Kloster. In dieser Zeit erlebte ich keine äußeren Einflüsse und keine Ablenkungen. Im Gegenteil, endlich kam ich zur Ruhe und hörte nach langer Zeit wieder Gottes Flüstern in meinem Herzen. Hier wurde ein Stück weit vorbereitet, was in den Jahren danach geschehen sollte.

Drei Jahre später durfte ich Ali noch einmal beschützen, im Rahmen eines Boxkampfes seiner Tochter und eines WM-Kampfes von Nikolai Valuev und John Ruiz. Er kannte mich leider nicht mehr, aber das war und ist nicht entscheidend. Ich kannte ihn, und das zählte in diesem Moment.

Sein Flüstern, seine Umarmung und sein Kuss auf meine Wange, ja, seine Wertschätzung und Liebe werde ich für immer in meinem Herzen tragen.

Kapitel 25

Auf dem Sportplatz

Unser Sportplatz war damals für uns Kinder unsere „Playstation". Nach der Schule, dem Mittagessen und dem Erledigen der Hausaufgaben (oder auch nicht), ging es meistens dorthin. Hier war fast immer Leben, und das bei Regen oder Sonnenschein. Fast nichts konnte uns aufhalten, miteinander dem Ball nachzujagen. Oft mussten wir gar nichts ausmachen, irgendwelche Kinder waren immer da, und einer hatte stets einen Ball dabei – außer einem, der nie einen Lederball hatte. Dieser Junge war ich, Miggi. Der Platz mit all seinen Menschen und Erlebnissen hatte eine besondere Wirkung auf mich. Um es ein wenig krass auszudrücken, es war wie Himmel und Hölle. Ja, irgendwie wie Himmel und Hölle, fällt mir spontan ein.

Es war 1979, als mein Papa von einer Vereinssitzung nach Hause kam und mir mitteilte, er habe mich zum Training angemeldet. Die Tatsache, dass er wieder mal betrunken war, störte mich diesmal nicht groß, denn ein Traum wurde wahr: Ich durfte ganz offiziell in einem Verein Fußball spielen.

Mein erstes Training fand in einer kleinen Turnhalle statt. Mein Trainer war (und ist) ein toller Mann. Als die ersten Spiele anstanden, durfte ich allerdings noch nicht mitspielen. Ich denke gerade darüber nach, ob ich jetzt das Wort „Papa" benutzen soll oder eher „Vater"? Na ja, bleiben wir bei „Papa", denn viele Jahre später wurde ja alles gut; doch damals erlebte ich nicht nur einmal auf schmerzliche Art und Weise, was Ablehnung und Demütigung mit einem Menschen anrichten. Jedes Mal, wenn ich Papa offenbarte, dass ich noch nicht spielen durfte, meinte er, ich sei eh nur ein Versager und niemand könne mich zu etwas gebrauchen.

Umso größer war meine Freude, als mein Name zum ersten Mal auf der Aufstellung auftauchte. Damals gab es einen kleinen Schaukasten, in dem am Abend zuvor die Aufstellung verkündet wurde. Wir nannten diesen Schaukasten stets liebevoll „Käschdle". Wenn mein Name im „Käschdle" stand, war die Welt ein wenig mehr in Ordnung als sonst.

Mein Vater ließ es sich nicht nehmen, bei fast jedem Spiel anwesend zu sein. Wenn ich gut spielte, lobte er mich. Schoss ich mal ein Tor, lief er an der Seitenlinie rauf und runter und tönte dabei: „Dies ist *mein* Sohn!" Das war dann ein Stück Himmel: Er war stolz auf mich!

Es gab aber auch das Gegenteil. Spielte ich schlecht oder wurde gar ausgewechselt, erntete ich seine Ablehnung durch Mimik und Gestik schon von ferne. Manchmal schrie er schon von Weitem vor all den anderen: „Ich schäme mich für dich! Komm du nur nach Hause ..." So wurde ich zu einem eigensinnigen Spieler, der nicht gerne den Ball abgab und lieber selbst das Tor schoss, da dies der Garant für ein bisschen Frieden, für ein Lob, ja, für ein Stückchen Himmel war.

Als kleiner Junge liebte ich es, den Großen, den Erwachsenen beim Spielen zuzuschauen. Papa war meistens Linienrichter. Oft traf er Entscheidungen zugunsten unseres Vereins, was beim Gegner und dessen Zuschauern nicht gut ankam. Und Papa bzw. seine Entscheidungen waren oft die Ursache für diverse Auseinandersetzungen. Man könnte sagen, er „liebte" halt seinen Verein – aber ich schämte mich einmal mehr für ihn.

Eines Tages gab es ein großes Fest auf unserem Sportplatz, mit Festzelt und Torwandschießen. Es war ein leicht verregneter Tag, der mir noch deutlich in Erinnerung ist. Es gibt solche Tage, die würde man gerne ausradieren oder nochmal neu angehen; dieser war so einer. Papa war an diesem Tag stockbesoffen und konnte sich kaum noch auf den Beinen halten. Ich tat alles, um ihm so gut wie möglich aus dem Weg zu gehen. Aber was heißt schon „gut" an dieser Stelle ... Ich war ein Profi darin, mich zu verstellen, zu flüchten, meinen Schmerz zu unterdrücken und Papa aus dem Weg zu gehen. Doch dann kam der Moment, in dem ich nicht mehr flüchten konnte.

Ich stand mit zwei Jungs aus meiner Klasse an der Torwand. Plötzlich kam Papa ums Eck und torkelte in unsere Richtung. Mit

Mühe und Not kramte er das erforderliche Kleingeld zusammen, um dem Kassierer die Startgebühr zu geben. Die zwei Jungs aus meiner Klasse kannten Papa nicht und machten sich über ihn lustig. Ich muss damals etwa elf gewesen sein und versank vor Scham im Boden. Mein Herz klagte Gott an: Warum blieben mir solche Momente nicht erspart?

Während Papa fast die Hosen verlor und beinahe im Dreck landete, lachten die beiden sich fast krank und fragten mich, wer das denn sei? Ich schämte mich für meine Antwort. Mein Herz schrie und weinte. Und aus meinem Mund kam flüsternd, fast unhörbar: „Ich weiß es nicht, ich kenne diesen Mann nicht."

Ich hatte tatsächlich meinen Papa verleugnet, und dies nicht nur einmal. Ich kann es nicht mehr rückgängig machen. Es war ein Teil meines Lebens. Auch für dies hat Jesus am Kreuz auf Golgatha bezahlt. Am Ende flüsterte Jesus „Es ist vollbracht" vom Kreuz herunter. Ja, es ist vollbracht, die Strafe ist vollständig bezahlt. Für alle Schuld dieser Welt, für alle Liebe die wir nie gegeben haben und sogar für das Verleugnen meines eigenen Vaters.

Vielen im Ort waren die Umstände meines Lebens bekannt. Getreu dem Spruch, dass Kinder, Betrunkene und Narren die Wahrheit sagen, kam eines Tages auf dem Sportplatz ein Mann auf mich zu. Er war damals so um die vierzig, ein anerkanntes Mitglied unseres Vereins – und sturzbetrunken. Die Tränen liefen ihm herab. Er schaute mich an und sagte vor sämtlichen Leuten, die dabeistanden: „Du tust mir so leid!"

Alle starrten auf den Mann und auf mich. Es schien, als würde die Welt um mich herum stillstehen. Ich schämte mich zutiefst, drehte mich um und fing an zu rennen. Einfach nur weg! Ich hatte Angst, dieser Betrunkene würde noch weitersprechen. Sein Mitleid tat so weh! Und genauso die Tatsache, dass sämtliche Erwachsene dabeistanden. Ich rannte und rannte, einfach nur weg! Jeder Ort war mir in diesem Moment lieber, als vor einem Pulk von Menschen gedemütigt und bemitleidet zu werden.

Oft rannte ich in die Kirche oder zu Oma oder einfach nur an einen Ort, wo ich ganz alleine war und mir niemand mehr weh tun konnte. Auch die Jahre danach ging ich diesem Mann aus dem Weg, wie so vielen Menschen. Jahre später sind wir öfter ins Gespräch gekommen, aber immer hatte ich die Sorge, er würde mich direkt auf mein Elend ansprechen. Ich habe mich nie mit ihm ausgesprochen. Nach kurzer schwerer Krankheit starb er.

Dann war da noch mein Jugendtrainer. Ein toller Mann! Er förderte mich. Ich habe ihm viel zu verdanken. So durfte ich sogar zweimal in einer Auswahlmannschaft spielen und eines Tages sogar in einem renommierten Jugendverein. Er ging stets wertschätzend mit mir und auch mit meinem Papa um, was nicht jeder tat. Vor ihm musste ich mich nie schämen oder flüchten.

Ich war etwa 14 Jahre alt, als mein Trainer einmal nach einem Fußballspiel an der Theke stand und einen leichten Schwips hatte. Das Vereinsheim war voll und alle feierten den Sieg unserer Herrenmannschaft. Ich stand in der Nähe meines Trainers, als er mich mit traurigen Augen ansah und mir dasselbe zuflüsterte, wie der Mann ein paar Wochen zuvor. „Du tust mir so leid Michael!" Dann nahm er mich in seine Arme. Da standen wir nun beide an der Theke. Die Welt um mich nahm ich kaum noch wahr. Die Worte, die Tränen und die Umarmung meines Trainers trafen mich mitten ins Herz.

Eine Umarmung bedeutet Geborgenheit, Annahme, Sicherheit, ja, ein Stück Himmel. Während ich dies schreibe, nehmen sich draußen in der Welt immer weniger Menschen in die Arme. Bedeutet dies dann auch weniger Geborgenheit, weniger Annahme, weniger Sicherheit und weniger Himmel?

Ich weiß es nicht. Ich habe Fragen über Fragen. Immer mehr Ängste beherrschen unsere Gesellschaft. Was ist richtig? Was ist falsch? Freundschaften zerbrechen! Familien entzweien sich. Mehr und mehr Leute pochen auf ihr Recht. Doch haben Rechthaberei und Besserwisserei je ein Menschenherz zum Guten geführt? Meine kindlichen Gedanken kreisen und sorgen sich um die Menschen, um uns. „Ein neues Gebot gebe ich euch, liebt einander!", sagte Jesus kurz vor seinem Tod. Ja, das soll unser Antrieb sein: die Wertschätzung vor jedem Leben und dass wir uns für die Liebe entscheiden.

Verzeiht meinen kleinen, sorgenvollen Gedankenausflug. Die Umarmung meines Trainers, die Erinnerung daran, berührt mein Herz. Ich stand in Gedanken noch einmal in unserem Vereinsheim, sah den traurigen Blick meines Trainers und hörte seine mitfühlenden

Worte. Welcher Schmerz oder welche traurige Erkenntnis dahinterstand, machte die Umarmung so bedeutend. So arm war ich? So mitleiderregend? Als mein Trainer mir das sagte, hörte niemand anders zu. Das machte es mir leichter.

Manchmal sollten wir vielleicht nicht so viele Worte verlieren; vielleicht reicht einfach nur eine Umarmung. Meine Opa hat mich nie in den Arm genommen, und selbst, als mein Papa und ich uns versöhnten, benötigten wir noch zwei Jahre, um diese „Kunst" einer Umarmung fertigzubekommen.

Manchmal fahre ich einfach so an „unserem" Sportplatz vorbei und lasse meinen Erinnerungen freien Lauf. Hier wurde ich gefeiert, aber auch verstoßen. Hier wurde ich gelobt, aber auch zutiefst beleidigt und verletzt. Doch ich liebe diesen Platz. Ich bin versöhnt mit allem, was dort an Negativem geschah.

Zum Abschluss meiner Sportplatz-Erinnerungen noch diese Geschichte: Nachdem mein Papa und ich uns versöhnt hatten, lebten wir unser Leben offen. Wir lachten, weinten und beteten zusammen. Ja, wir gingen gemeinsam auf unseren Sportplatz, der einen großen Raum in unserem Leben einnahm. Mein Papa rannte als Linienrichter hier an der Seitenlinie wohl die Strecke von der Erde bis zum Mond und wieder zurück.

So begleitete ich ihn ein letztes Mal zu einem Spiel, als er wieder einmal an der Seitenlinie seinen Dienst versah. Ich schaute dem Spiel und meinem Papa zu. Die Zuschauer der gegnerischen Mannschaft belächelten ihn. Einer von ihnen kam auf mich zu. Er wusste nicht, dass der Mann an der Seitenlinie mein geliebter Papa war, und flüsterte mir mit hämischen Worten und einem verletzenden Grinsen zu: „Schauen Sie sich diesen Typen an, was sagen Sie zu dem?"

Er hatte wohl jede Antwort erwartet, aber nicht diese: „Den kenne ich ganz gut, das ist mein Papa", gab ich ihm freundlich, mit sicherer Stimme und einem Lächeln zur Antwort. Sein Grinsen gefror und sein Blick sank zu Boden. Er schämte sich. Früher wäre ich weglaufen. Nein, nie mehr! Der Mann war in diesem Augenblick von seiner Bosheit erschrocken. Ich fühlte seine Scham. „Stehe gerade", hatte Onkel Heinz gesagt, „halte den Blick und erhebe deine Stimme!" Das habe ich in diesem Moment getan.

Ja, der Mann an der Seitenlinie war mein Papa. Ich vermisse ihn unendlich. Wie gerne würde ich noch einmal mit ihm auf den Sportplatz gehen und ihm zusehen, wie er mit seiner Fahne den Sportplatz rauf und runter rennt und sein Bestes gibt. (Beim Stichwort „mit seiner Fahne" hätten mein Papa und ich jetzt gemeinsam um die Wette gelacht.)

Es war ein Stück seines Lebens. Hier bekam er Identität, Wertschätzung und Aufmerksamkeit, aber auch nicht selten Hohn und Spott. Doch dies war ihm das alles wert, um für seinen Verein treu seinen Dienst zu tun.

So wie er war, war der Mann an der Seitenlinie zugleich der beste Papa, der er sein konnte. Ich liebe und vermisse ihn, den Mann mit der Fahne, so oder so!

Kapitel 26

Tiefe Eingeständnisse

Während der Entstehung dieses Buches suchte ich noch mehr die Einsamkeit in „meinen" Wäldern. Dort konnte ich mich viel besser auf das Wesentliche konzentrieren. Im Alltag wurde ich mit viel Leid und diversen Ängsten konfrontiert, und dazu kam eine Flut von Nachrichten aus verschiedenen Richtungen. Oft verpasste ich, hier rechtzeitig Grenzen zu setzen. So suchte ich immer wieder die Stille in der Schöpfung, um ohne Ablenkungen auf das Flüstern meines Gottes zu hören. Dabei fiel mir eines Tages ein, wie oft ich dieses Eingeständnis hörte, dass jemand nicht mehr konnte.

So war ich einmal zusammen mit einigen Freunden zu Gast in einer Gemeinde. Neben einem Gottesdienst, in dem ich sprechen durfte, stand noch ein praktischer Teil an, in dem es um Selbstbehauptung ging. Bevor ich im Gottesdienst das Wort ergreifen durfte, hielt der Pfarrer eine kurze Ansprache. Er sprach von Sicherheit und Stärke. Ich fühlte mich für einen kurzen Moment fehl am Platz, da ich oft nicht die Stärke und diese Sicherheit empfinde, von der er sprach. Aber ich bin mir sicher, dass dieses Eingeständnis von Unsicherheit und Schwäche tatsächlich Stärke ist. So nehme ich mir die Freiheit, sogar über meine Gefängnisse zu sprechen. Früher hätte ich das nie getan. Während ich also den Worten des Pfarrers lauschte, meldeten sich meine Zweifel zu Wort.

Gott hat uns nie versprochen, dass unser Leben glatt läuft, aber er hat uns versichert, dass er immer für uns da ist. Das kommunizierte ich offen in meinem Vortrag. Viele der Anwesenden waren berührt, manche weinten. Im Anschluss an den ersten Teil suchten etliche das persönliche Gespräch. Hier wurde mir viel Schweres zugeflüstert, und immer wieder hörte ich von Männern diesen einen Satz: „Ich habe keinen Menschen ..." Es machte mich traurig.

Für so vieles haben wir Gesprächspartner. Wir diskutieren stundenlang über Sport und das Wetter, erzählen uns dreckige Witze. Aber über die wirklich wichtigen Themen können wir Männer schlecht oder gar nicht reden. Warum nicht? Hat es mit unsrer Erziehung zu tun? Mit dem, was man uns vorgelebt hat? Oder mit Sätzen, wie „Männer weinen nicht" oder „Indianerherz kennt keinen Schmerz"? Ist es eine Kombination aus allem, die zu diesen traurigen Umständen führt? Das meiste davon kann doch einfach nicht wahr sein, wenn es letztendlich zu Trauer, Einsamkeit und Schmerz führt.

Ich bin so dankbar und freue mich über jeden Menschen, der bereit ist, sein Herz zu öffnen. So war es auch an diesem Tag. Nach einigen Gesprächen sah ich den Pfarrer ganz hinten mit dem Rücken zur Wand an einem Tisch sitzen. Als unsere Blicke sich trafen, winkte er mich zu sich. Sein Gesichtsausdruck war ein ganz anderer als am Morgen, als er über Sicherheit und Stärke gesprochen hatte.

Als ich mich ihm näherte, ging sein Blick nervös hin und her. Ich setzte mich zu ihm und er begann leise zu flüstern, sodass niemand unser Gespräch belauschen konnte: „Michael, ich stehe am Tiefpunkt meines Lebens. Ich kann nicht mehr!" Da staunte ich nicht schlecht. „Du?", fragte ich ungläubig und etwas schockiert. „Ja ich kann einfach nicht mehr!", wiederholte er. Ich hakte nach: „Aber heute Morgen hast du doch von Sicherheit und Stärke gesprochen und wie toll alles ist ..." Traurig schaute er mich an und meinte: „Das war der Pfarrer! Mir selbst geht es sehr schlecht."

Da saßen wir nun in unserer eigenen Blase. Ich hatte kaum Worte. Ich gab ihm zu verstehen, dass ich mich schwer oder gar nicht in das Leben eines Pastors bzw. Pfarrers versetzen konnte. Ich gebe halt meine Vorträge mal hier und mal dort und bin dann wieder weg. Ich weiß nicht, wie es ist, als Geistlicher an einem festen Platz seinen Dienst zu tun.

Ich erzählte ihm, dass ich vierzehn Jahre lang mit einer „Maske" meine Sportschule geführt hatte und es zur Freiheit für mich wurde, eines Tages nicht mehr den Starken zu spielen, Schwäche zu zeigen, einfach echt zu sein. Vielleicht konnte es für seine „Schäfchen" sogar ein wenig befreiend sein, wenn sie merkten, dass der Pfarrer auch nur ein Mensch mit Ecken und Kanten, mit Stärken, aber auch mit Schwächen ist.

Wir hatten eine wirklich gute Zeit, ein absolut offenes Gespräch. Ich schätze solche Gespräche sehr, in denen es nicht nur um Oberflächliches geht. Einige Zeit später hatten wir wieder einmal Kontakt. Heute geht es ihm gut. Er hat sich Menschen gesucht, mit denen er offen über seine Schwächen sprechen konnte. Es wurde ihm zum Schatz. Und sollte ihm eines Tages eines seiner Gemeindemitglieder offenbaren, keine Kraft mehr zu haben, am Ende zu sein, so kann er auf Augenhöhe mit ihm von Herz zu Herz sprechen, weil er es selbst erlebt hat. Sein Flüstern von damals, mit dem Rücken zur Wand, war so kostbar.

Ein ähnliches Erlebnis hatte ich in einer anderen Gemeinde. Es war ebenfalls im Anschluss an einen Gottesdienst, in dem ich frei über mein Herz gesprochen hatte. Die Frau eines Pastors sorgte sich während des Kirchenkaffees liebevoll um die Anwesenden. Hier ein Lächeln, da ein ermutigendes Wort. Es schien, als wolle sie jedem eine Freude machen. Ich war erstaunt, als sie mit einem gequälten Lächeln auf mich zukam und mich um ein Vieraugen-Gespräch bat.

Kaum im Büro angekommen, brach sie in Tränen aus. Ich fühlte mich kurz hilflos. Was war geschehen? Noch bevor ich etwas sagen oder sonst irgendwie reagieren konnte, fing sie leise und schluchzend an zu erzählen: „Ich halte das nicht mehr aus. Immer soll ich strahlen, immer so tun, als würde es mir gut gehen. Stets muss ich so tun, als hätten wir keine Eheprobleme. Ständig soll ich trösten und ermutigen, und was ist mit mir?" Sie schaute mich fragend an und fuhr fort: „Michael, ich möchte auch diese Freiheit, von der du heute erzählt hast. Die Freiheit, auch über die eigenen Probleme und Sorgen zu sprechen. Ich möchte auch einfach nur mal schwach sein dürfen."

Junge, das schlug bei mir ein! Ich bin ja weder Eheberater noch Psychologe oder sonst etwas; ich bin ja nur „Miggi". Aber eines weiß ich, auch schon wegen meiner eigenen Niederlagen und sonstigen Baustellen, dass Offenheit und Gemeinschaft ein guter Weg sind.

An diesem Tag ließ die Pastorenfrau zu, dass ihr Mann und eine Freundin zum Gespräch dazukommen durften. Es wurde eine wunderbare Aussprache, die zwar für alle Beteiligten schmerzhaft war, aber an diesem Tag wurde der Grundstein für ein Stück Heilung gelegt. Die Dame hatte sich eigentlich nur mehr Verständnis und genaugenommen auch Wertschätzung für das gewünscht, was sie tat. Im Prinzip ging es um Liebe. Es war so gut, dass sie sich alles von der Seele flüstern konnte. Wer weiß, was passiert wäre, hätte dieser Zustand noch länger gedauert und sie noch mehr in sich hineingefressen.

Mir ist immer wichtig, dass die Menschen nie allein sind und dass sie, wenn ich gehe, in guten Händen sind. Deshalb versuche ich stets, Netzwerke zu schaffen, dem Hilfesuchenden Menschen zur Seite zu stellen, die kompetent und vor Ort sind.

Unzählige Kids flüsterten mir ihr Ängste und Sorgen zu. Ich bin so dankbar für unser Netzwerk von Psychologen, Seelsorgern, Opferschutz und all den anderen guten Menschen. Gemeinsam mit den Kids und ihren Angehörigen und teilweise auch den Behörden wollen wir gute Wege finden. Oft war ein ehrliches Flüstern, geboren aus Schmerz, Druck und Scham, der Beginn eines neuen, heilenden, guten Weges. Ich selbst weiß so vieles nicht, aber ich kenne tolle Menschen, die viel wissen. Gemeinsam sind wir einfach viel, viel stärker.

Früher war ich die meiste Zeit für mich, konnte kaum Hilfe annehmen. Mir fehlte das Vertrauen zu mir selbst und anderen. Ich hatte Angst vor Verletzungen, denn ich wusste ja, was sie anrichten konnten. Ich hatte schließlich reichlich Erfahrungen gesammelt als derjenige, der verletzt worden war, aber auch selbst andere verletzt hatte.

Früher dachte ich, nur Schwächlinge brauchen Hilfe. Heute weiß ich, wir brauchen einander alle, und es ist Stärke, Hilfe zu schenken, aber auch anzunehmen. Keiner lebt für sich alleine.

Es hat einen besonderen Reiz für mich, wenn ich Fortbildungen für Lehrer (innen) geben darf. (Ein Grinsen huscht gerade über mein Gesicht.) Wenn ich früher ins Lehrerzimmer oder gar zum Rektor kommen musste, bedeutete das meistens Stress. Heute bekomme ich dort Kaffee oder sogar ein reichhaltiges Frühstück.

In meiner Schulzeit wurde ich nie vom Rektor oder den Pädagogen umsorgt. Meistens stand ich mit Magendruck und einem dicken Kloß im Hals vor dem Sekretariat. Meist erwartete mich eine Standpauke, eine Strafarbeit, manchmal wurde ich auch an den Ohren gezogen. Zu meiner Schulzeit war das noch so; selbst Ohrfeigen habe ich noch kassiert. Aber definitiv gab es niemals einen Kaffee oder Butterbrezeln.

Ich liebe es, mit den Pädagogen zu arbeiten. Ich lasse sie oft wie Kinder herumtoben, und viele genießen es sehr. In unseren Projekten begegnen sie sich ganz anders als in ihrem Alltag. Wir machen viele Spiele, in denen es um Zusammenhalt und Wertschätzung füreinander geht. Und ich erzähle ihnen offen über mein Herz, über unzählige Erfahrungen in vielen Einrichtungen.

Ich kann mich noch sehr gut an eine Fortbildung in einer ostdeutschen Schule erinnern. Ich sprach über meine Baustellen, Zweifel und die Freiheit, offen darüber zu sprechen. Eine Dame meldete sich entschlossen zu Wort und sagte unter Tränen: „Mir tut das gerade so gut. Ich unterdrücke meine Gefühle seit Monaten. Ich habe Angst vor jedem neuen Tag und lasse mir nichts anmerken. Ich möchte die Gunst des Augenblicks nutzen und euch ehrlich bekennen, dass ich kaum noch Kraft habe."

Für kurze Zeit herrschte Stille. Eine andere Kollegin nahm sie tröstend in ihre Arme. Es war eine unbeschreibliche Atmosphäre, ja, fromm ausgedrückt, es waren heilige Momente – wobei ich in staatlichen Einrichtungen Gott kaum oder nie erwähne. Ich glaube, wenn wir über Liebe, Vergebung und Versöhnung sprechen, trifft es dies auf den Punkt genau und macht neugierig auf mehr. Man kann mit zu vielen frommen Worten die Menschen auch verscheuchen.

Das tiefe Eingeständnis der Lehrerin führte dazu, dass weitere Lehrer(innen) an diesem Tag ihr Herz öffneten, selbst der Schulleiter sprach offen über seine Gefühle. Irgendwie hatten wir alle den Eindruck, jeder hatte vor dem anderen etwas verborgen, wobei sich jeder nach Offenheit und Wahrheit sehnte.

Ich muss gerade an das Gespräch mit einem Sterbenden denken, der mir sagte, er habe sein Leben nicht gelebt. Als ich ihn damals fragte: „Warum nicht?", meinte er traurig: „Ich wollte es den Leuten recht machen!"

So ähnlich war es an dieser Schule auch. Jeder versuchte, stets stark zu sein oder zumindest so zu wirken. Dies kostete aber wiederum weitere Kraft. Ganz vorsichtig gingen diese Pädagogen nun mit dieser Situation und miteinander um. Sie beschlossen, sich nun öfter auf einen Kaffee zu treffen, um ehrlich miteinander zu sprechen und gemeinsam, Hand in Hand, Lösungen zu finden und sie zusammen anzugehen. Es war der Mut einer Lehrerin, ihr ehrliches Flüstern aus dem Grund ihres Herzens, was zu einem ganz neuen Klima in der Schule führte.

Wahrheit macht frei, dies haben die Lehrer(innen) an dieser Schule auf wundersame Weise erfahren dürfen.

Diese tiefen Eingeständnisse sind nur wenige von vielen in all den Jahren. Die Bibel selbst ist voll damit. Lebensberichte voller Scheitern, Versagen und tiefen Eingeständnissen. Zweifel, Wut und Zorn, ja, Ratlosigkeit, von all dem wird dort so reichlich und lebensnah berichtet wie in keinem anderen Buch. In tiefen Lebenskrisen sind mir die Psalmen sehr wertvoll geworden. Die Verfasser flüstern, klagen und schreien ihr Unverständnis, ihre Zweifel, ihre Bitten, aber auch ihren Dank und ihre Liebe Gott entgegen. Dies alles kommt mir so bekannt vor. Ich liebe ihre Aufrichtigkeit, ihr offenes Herz.

Kapitel 27

Letzte Botschaften

Oft durfte ich dem Geflüster von Sterbenden lauschen. Der Inhalt ihrer Botschaften hatte nichts mehr mit Oberflächlichkeit zu tun. Manche von ihnen baten mich, ihre Worte mit denen zu teilen, die noch länger leben würden als sie selbst – also mit euch, mit dir. Egal ob es junge oder ältere Menschen waren, im Kern gleichen sich alle ihre Botschaften. Es geht stets um Liebe.

Vor längerer Zeit sah ich eine TV-Reportage, in der es um letzte Nachrichten von Menschen ging, die einer Schiffs- oder Flugzeugkatastrophe zum Opfer fielen. Egal ob per Sprachnachricht, Telefonat oder als geschriebene Worte, es ging auch hier im Wesentlichen nur um Liebe. Viele dieser Worte wurden allerdings nicht geflüstert, sondern geschrien. Doch manche auch sogar in diesen Momenten noch geflüstert.

Mich berührte der Inhalt dieser Reportage, da er sich mit meinen persönlichen Erfahrungen deckte. Liebe, Vergebung und Versöhnung, das alles ist am Ende unseres Lebens so elementar. Wenn diese Dinge nun am Schluss so unbeschreiblich wichtig werden, könnten sie doch ab heute schon die Grundlage für einen neuen Anfang sein …

So möchte ich an dieser Stelle die Bitten von Jan und einigen anderen wunderbaren Menschen weitergeben. Jan war Anfang fünfzig und Polizeibeamter, als er wenige Wochen vor seinem Tod folgende Worte an den Rest der Welt richtete. Mit all seiner Kraft nahm er meine Hand und richtete sich in seinem Bett auf, blickte mich dabei liebevoll an und flüsterte nicht nur mir, sondern auch dir jetzt zu:

„Am Ende, wenn alle gegangen sind: Jesus bleibt! Zu ihm können wir kommen mit allem, was uns schwer ist. Ob ich lebe oder sterbe, ich habe das Leben bereits gewonnen, weil Jesus in meinem Herzen wohnt."

Ein sterbender Teenager flüsterte mir zu: „Es ist alles gut so! Ich gehe doch nur nach Hause zu meinem himmlischen Papa. Er steht mit ausgebreiteten Armen da und wartet auf mich."

Eine alte Dame, die bereits an Demenz erkrankt war, meinte wenige Wochen vor ihrem Tod: „Gott allein genügt."

Ein mehrfacher Familienvater, der Zeit seines Lebens Atheist mit esoterischen Tendenzen war, sagte mir auf dem Sterbebett: „Ich weiß, dass ich gleich vor Jesus stehen werde. Er wird mich fragen, ob ich ihn liebe, und ich will ihm antworten: ‚Wen sonst?'"

Im Anschluss beteten wir gemeinsam Psalm 23: „*Der Herr ist mein Hirte …*"

Es gab viele solcher Momente, und ganz spontan muss ich an einen Obdachlosen denken. Ich weiß nicht, ob er noch lebt. Er war schon sehr alt und schien von Krankheit gezeichnet zu sein.

Es war vor einigen Jahren, kurz vor Weihnachten. Ich war zu Gast bei einem Schulprojekt im Raum Ingolstadt. Gemeinsam mit meiner ungarischen Kollegin Hilda durfte ich an einer Werkrealschule meinen Dienst tun. Am Abend stand noch ein Elternabend auf dem Programm. Doch bis dahin hatten wir noch ein paar Stunden Zeit und beschlossen daher, in der Fußgängerzone von Ingolstadt etwas zu essen.

Die Innenstadt war weihnachtlich geschmückt. Der Geruch von Glühwein, gebratenen Würstchen und gebrannten Mandeln gab dem Ganzen eine besondere Note. Mitten in all dem Trubel, der ganzen geschäftlichen Hektik, saß ein alter Mann mit grauem Rauschebart auf dem kalten Asphalt. Wir sahen einige Obdachlose an diesem Tag, und wir wussten, allen konnten wir nicht helfen, aber der Anblick dieses alten Mannes berührte uns.

Wir beschlossen, ihm etwas Gutes zu tun. Vielleicht brauchte er eine wärmende Jacke, Schuhe oder einfach nur ein warmes Essen? So gingen wir auf ihn zu. Ich sehe seine müden Augen noch vor mir. Wir boten an, ihm eine Jacke zu schenken oder Schuhe, doch er begnügte sich mit einem warmen Kaffee und einem Stück Kuchen. Im Laufe des Gespräches stellte sich heraus, dass er ebenfalls aus Ungarn kam. Volltreffer!

Ab diesem Moment blühte er auf. Es war ein zusätzliches Geschenk für ihn, neben seinem kleinen Mahl, dass er jemanden hatte, mit dem er sich in seiner Muttersprache unterhalten konnte. Er erzählte mitten aus seinem Herzen. Gewalt, Lieblosigkeit, Ablehnung und Armut hatten sein Leben geprägt, und irgendwann erzählte er von Jesus, dass er sein Halt und Trost sei. Jesus sei geblieben, während alle anderen gegangen seien.

Und dann geschah etwas so Kostbares in dieser Fußgängerzone, schier unbemerkt von der Welt. Meine Kollegin und dieser wunderbare Mann mit seinem Rauschebart flüsterten gemeinsam im Lärm des Weihnachtstrubels auf ungarisch das Vaterunser. Auch wenn die meisten, so wie ich, diese Worte kaum aussprechen und verstehen können, hier das Vaterunser auf ungarisch:

Mi Atyánk, aki a mennyekben vagy,
szenteltessék meg a Te neved,
jöjjön el a Te országod,
legyen meg a Te akaratod,
amint a mennyben, úgy a földön is.
Mindennapi kenyerünket
add meg nekünk ma,
és bocsásd meg vétkeinket,
miképpen mi is megbocsátunk
az ellenünk vétkezőknek,
és ne vigy minket kísértésbe,
de szabadíts meg a gonosztól,
mert tied
az ország, a hatalom és a dicsőség
mindörökké.
Ámen.

Es waren heilige Momente an diesem Abend, kurz vor Weihnachten in Ingolstadt. Obwohl ich kein einziges Wort verstand, spürte ich die Heiligkeit dieses Augenblicks. Gott saß mit uns dreien dort. So oft zweifle ich an mir, meinem Dienst und, ehrlich gesagt, auch an Gottes Wirken, doch genau in diesen Augenblicken wird mein Herz von seiner Anwesenheit so unendlich tief berührt. Alle Zweifel sind

Lichtjahre weg und ich bin nur noch von Liebe umhüllt und erfüllt. Ja, ich gebe es zu, ich zweifle und hadere nicht selten, aber mein Herr sieht in mein Herz, ich darf es ihm sagen. Er liebt es, wenn wir authentisch sind.

Mit jedem Wort, das die beiden sprachen, legte sich ein weihnachtlicher Zauber auf die Fußgängerzone. Was der Geruch von Glühwein und gebrannten Mandeln nicht vermochte, schaffte dieses schlichte Gebet an jenem kalten Abend. Unsere Herzen wurden von der spürbaren Nähe Gottes erwärmt. Er ist *immer* da, doch so oft sind wir abgelenkt und unser Fokus liegt ganz woanders. Würden wir mehr erkennen, dass ER da ist und uns liebt und mit dieser Erkenntnis leben, hätten wir jeden Tag ein Stück Weihnachten in unserem Leben.

Als wir uns verabschiedeten, drückten wir unseren alten neuen Freund. Nicht nur wir waren ein Geschenk für ihn, sondern vielmehr er wurde zum Geschenk für uns.

Eine Umarmung ist viel mehr. Es bedeutet, angenommen zu sein, Wertschätzung und Halt … Eine Umarmung ist wie ein Stück Nach-Hause-Kommen, ein Hauch vom Himmel … Dieses Flüstern auf dem kalten Asphalt, fand seinen Widerhall im Himmel, begleitet vom Jubel der himmlischen Chöre …

Kapitel 28

Aus tiefstem Herzen

Da lag ich nun nackt, nur noch mit ein paar Socken begleitet. Ich fühlte mich hilflos und ausgeliefert. Die Diagnose „Herzinfarkt" hatte nicht nur mein Herz selbst geschockt, sondern mein ganzes Denken und Fühlen. Alles wurde unwichtig. Ich lag in der Notfallaufnahme der Uniklinik Tübingen.

Etwa eine Stunde lag ich dort entblößt, zwar von Menschen umgeben, und doch irgendwie völlig allein. Besonders in dieser Stunde, aber auch in den Tagen danach in Tübingen, studierte ich sehr intensiv Theologie. Stets muss ich ein wenig schmunzeln, wenn mir Menschen sagten, dass sie in Tübingen Theologie studieren bzw. studiert haben. „Ich auch", gebe ich dann lächelnd zur Antwort. Es war ein sehr, sehr kurzes, aber umso intensiveres Studium.

Ich gab dem Arzt nach einigen inneren Kämpfen die Genehmigung, mir einen Herzkatheder zu legen, um mein Leben zu retten. Es blieb mir ja nichts anderes übrig. Während ich dort lag und man mich liebevoll umsorgte und versorgte, überkam mich eine große Angst. (Manche meinten hinterher, dass sie mich nicht verstehen könnten, ich sei doch Christ und bräuchte daher keine Angst vor dem Sterben zu haben. Nun ja, ich bin kein Vorzeige-Christ und habe aus meiner Sicht nicht viel Rühmliches aufzuweisen. Aber in meiner Begrenztheit kann ich nur zaghaft flüstern, dass ich Jesus sehr, sehr liebhabe.) Ich hing an meinem Leben und tue es natürlich immer noch. So oft hatte ich geschimpft und mich über mein Leben beklagt; und nun, wo es in Gefahr war, klammerte ich mich daran und hatte Sorge, es zu verlieren.

Vielleicht war es die Kombination aus vielen Dingen. Die Schwere, die meinen Körper umgab, der Druck auf dem Brustkorb, die

Übelkeit, der Schwindel und vor allem, die Kontrolle verloren zu haben. Für Menschen, die oft verletzt wurden, ist es schwer, die Kontrolle abzugeben – auch als Christ, wenn man mit Gott neue Wege geht, sich geliebt weiß und mit dem Verstand erklären kann, dass er alles zum Guten führen wird. Oft scheint die Realität dann aber ganz anders auszusehen. Das Klagen so mancher Frommer in der Bibel bestätigt mein eigenes Ringen mit meinen Gedanken und Gefühlen.

Als mich der Infarkt urplötzlich traf, wie der Schlag eines Profiboxers in die Magengrube, ging ich einfach zu Boden und starrte schier eine Ewigkeit die Decke eines Gemeindezentrums an, und dies tat ich dann auch im Rettungswagen und in der Notfallaufnahme. Nie zuvor in meinem Leben begutachtete ich Decken so intensiv, wie an diesem Vormittag. Stets starrte ich ängstlich nach oben. Ich durchforstete jedes Deckenmuster und starrte in sämtliche Beleuchtungen. So verfestigte sich mein Blick auch in dieser Unfallaufnahme nach oben in ein intensives Licht.

Ich ließ alles an und in mir geschehen. Während der Katheder sich seinen Weg zu meinem Herzen bahnte, flüsterte ich, unbemerkt von allen Umherstehenden, meinem HERRN (der inmitten meines Herzens lebt, weil ich ihn eines Tages dorthin eingeladen hatte) zu: „Jesus, bist du da?"

„Bist du da?", fragte ich heimlich still und leise. Und danach bat ich wieder einmal, wie so oft, um Vergebung meiner Schuld und um Vergebung für all die Liebe, die ich nie gegeben habe. Doch diesmal war es anders, es war inniger und tiefer als je zuvor. Ich glaube, mein Flüstern wurde von niemandem bemerkt, auch nicht die heimlichen Tränen, die ich vergoss. Zu sehr lag die Konzentration auf dem Eingriff und auf dem Monitor, der das Innerste meines Körpers zeigte.

An diesem 21. Februar 2018, etwa um 11.30 Uhr, am Tag, als Billy Graham starb, gab ich Jesus noch einmal mein JAWORT. Im Prinzip hatte ich noch einmal Konfirmation. Als ich Jesus um seine spürbare Nähe bat, kam er meiner Bitte nach. Ich spürte ihn so sehr, wie jetzt beim Schreiben auch. Ich darf dieses Gefühl jetzt gerade noch einmal erleben. JA, er war und ist da. Er war immer da, ist immer da und wird immer bei uns sein.

Mitten in meiner Furcht, in Todesangst, der Sorge um mein kleines Leben, spürte ich IHN und seine Liebe. Wie oft fühlte ich mich, Miggi, allein und vergessen von Mensch und Gott. Doch es war nur ein Gefühl. Gefühle können täuschen. Die Wahrheit ist: Er hat weder dich noch mich jemals vergessen!

„JAHWE – Ich bin für dich da" ist seinem Namen treu.

Dort, am Tiefpunkt, spürte ich IHN so nah wie selten in meinem Leben. An diesem Tage erlebte ich so viel auf einmal: Kontrollverlust, Todesängste, Ohnmacht, Hilflosigkeit, Einsamkeit, und zugleich grenzenloses Vertrauen, Hilfe, Freude, menschliche und göttliche Fürsorge, Vergebung und die Nähe Gottes mit seiner unbeschreiblichen Liebe.

Mein Flüstern von damals, mit starrem Blick zur Deckenbeleuchtung, wurde vom Team der Uniklinik wohl nicht gehört, aber von dem, der uns viel näher ist, als je ein Mensch es sein kann. Von dem Kardiologen aller Kardiologen, dem königlichen Herzspezialisten wurde es gehört. Mein Flüstern aus meinem Herzen drang direkt in sein königliches, väterliches Herz, und das flüsterte mir zu: „Fürchte dich nicht! Ich bin bei dir! Nie lass ich dich allein!"

Kapitel 29

Aufbruch

Keine Sorge, hier geht es nicht um eine „strafbare Handlung", sondern um lebensverändernde Wege, in denen wir eine Spur der Liebe hinterlassen. Wenn nicht jetzt, wann dann? Wäre dies heute unser letzter Tag, was würden wir heute noch tun? Was würden wir heute noch manchem Menschen zuflüstern? Bei all denen, die in den letzten Jahren um mich herum starben, egal ob sie mir nahe oder nicht so nahestanden, fragte ich mich immer wieder: Was waren meine letzten Worte zu diesem Menschen?!

Unser Leben ist so kurz und zerbrechlich, weshalb wir ganz vorsichtig und wertschätzend damit umgehen sollten. Auf manchen Päckchen liest man den Vermerk „Vorsicht zerbrechlich". Dies gilt auch für jeden Menschen auf dieser Welt.

Einer von ihnen, der sich seiner eigenen Zerbrechlichkeit und der seiner Mitmenschen bewusst war, war der Schauspieler Robin Williams. Er spielte in wunderbaren Filmen, wie „Mrs Doubtfire" und „Patch Adams" mit. Von ihm stammen folgende Zitate:

- „Jeder, den Sie kennen, kämpft in einer Schlacht, von der Sie nichts wissen. Seien Sie nett, immer!"

- „Ich glaube, die traurigsten Menschen geben sich immer die größte Mühe, Menschen glücklich zu machen, weil sie wissen, wie es ist, sich absolut wertlos zu fühlen, und sie nicht möchten, dass sich irgendjemand genauso fühlt."

- „Es ist ein wunderbares Gefühl, wenn einem der Vater nicht als Gottheit, sondern als Mensch erscheint. Wenn er von dem Berg herabsteigt, man ihn als normalen Erdenbürger mit all seinen Schwächen sieht und als solchen liebt."

Seine Zitate berühren mich sehr. Sie sollen uns mahnen und ermutigen zugleich, und wenn nötig, sollen seine Worte uns wachrütteln. Wie traurig, dass Robin Williams sich am 11.8.2014 das Leben nahm.

Es ist wichtig,

- sein Herz zu öffnen
- die Liebe auszusprechen
- um Verzeihung zu bitten
- zu vergeben
- zu danken
- zu loben
- zu ermutigen.

All dies bedarf einer Entscheidung. Ohne Druck, einfach nur aus Liebe zu sich selbst und seinen Mitmenschen. Wir alle benötigen Menschen, die uns bzw. die wir bei diesen Schritten begleiten. Egal ob Familie, Freunde, Seelsorger, Therapeuten oder sonst irgendjemand, der es gut mit uns meint, zu dem wir Vertrauen haben.

Ein Lächeln hier, ein Danke da, ein gutes Wort dort; mit dem Wissen, dass alles, was wir aus Liebe tun, den Nächsten und uns selbst beschenkt. Es macht stark, frei und bleibt in Ewigkeit.

Tod und Leben sind in der Macht der Zunge (Spr 18,21).

Mögen wir stets darauf achten, dass unsere Worte das Leben lebenswert machen, dass sie aufbauen statt abreißen, verbinden statt spalten.

HERR, lass dir meine Worte und Gedanken gefallen! Du bist mein schützender Fels, mein starker Erlöser! (Ps 19,15 HFA).

Des Gerechten Mund ist ein Brunnen des Lebens (Spr 10,11 LUT).

Ein freundliches Wort ist wie Honig: angenehm im Geschmack und gesund für den Körper (Spr 16,24 HFA).

Deine Rede hat die Strauchelnden aufgerichtet und die bebenden Knie hast du gekräftigt (Hiob 4,4 LUT).

Sagt den verzagten Herzen, seid getrost, fürchtet euch nicht (Jes 35,4 LUT).

... ermutigt einander Tag für Tag (Hebr 3,13 HFA).

Wenn jemand redet, dann rede er so, als würde Gott selbst durch ihn sprechen (1 Petr 4,11 NLB).

Achten wir also auf unsere Gedanken, denn sie werden zu Worten. Von dem englischen Schriftsteller Charles Reade (1814–1884) stammt (möglicherweise in Anlehnung an ein chinesisches Sprichwort) folgendes Zitat:

Achte auf deine Gedanken, denn sie werden Worte.
Achte auf deine Worte, denn sie werden Handlungen.
Achte auf deine Handlungen, denn sie werden Gewohnheiten.
Achte auf deine Gewohnheiten, denn sie werden dein Charakter.
Achte auf deinen Charakter, denn er wird dein Schicksal.

Von den unterschiedlichsten Menschen, die neue Wege gingen, bekam ich unzählige gute Nachrichten. Der Anfang war stets schwer. Schwere Beine, der bekannte Magendruck und der berühmte Kloß im Hals versuchten meistens, den „Neustart" zu verhindern. Aber alle hatten eines gemeinsam: Die Wege, die sie gingen, um Liebe auszusprechen, hat sie ein Stückchen freier gemacht. Manchmal ernteten sie ungläubiges Staunen oder einfach nur Sprachlosigkeit. Aber es kommt nicht auf die Reaktion an, sondern auf die eigene Entscheidung, den Mut aufzubringen, diese Wege zu gehen. Nicht selten konnten diese Menschen nicht nur befreit aufleben, sondern das Lachen kehrte in ihr Leben zurück.

Irgendwie verrückt, aber selbst an so manchem Sterbebett wurde herzlichst gelacht. Ja, ich lache so gerne. Nicht über andere, sondern mit ihnen.

Seit mein Papa und ich uns gegenseitig unsere Liebe zuflüsterten, hielt die Freude Einzug in unser Leben. Oh Mann, was haben wir beide gelacht! Wir lachten Tränen über die Dinge, über die wir uns früher in die Haare bekommen hätten. Ja wir konnten von da an, in diesem Veränderungsprozess, auch über uns selbst lachen.

Vielleicht schaffen wir es auch, vieles nicht mehr ganz so ernst zu nehmen. Ich glaube, dass Jesus viel gelacht hat. Ich meine, er war mit zwölf Männern auf Tour. Ich bin mir sicher, sie alberten eine

Menge herum. Bei all meinen Männer-Israeltouren wurde sich nicht nur angeregt unterhalten, sondern auch geweint und noch mehr gelacht. Nicht selten hielten wir uns sogar die Bäuche vor Lachen.

Gerade vermisse ich dieses Lachen oder so manches Lächeln sehr, besonders in diesen Zeiten, wo man hinter der Maske nicht mehr das ganze Gesicht eines Menschen sieht. Wenn man genau hinschaut, sieht man allerdings ihr Lächeln in ihren Augen.

Ich lasse es mir nicht nehmen, herzhaft zu lachen, ob mit oder ohne Maske. Jedes Lächeln kann eine ansteckende Wirkung haben. Am besten, wir stecken die ganze Welt damit an – oder zumindest die kleine Welt um uns herum.

Ein Bekannter von mir meint, ein Lächeln sei ein kleines Evangelium. Ja, er hat Recht, es ist ein Ausdruck von Freude und Dankbarkeit. Wer das große Erlösungsgeschenk von Jesus angenommen hat, der hat wirklich Grund, Freude zu haben und dankbar zu sein.

Selbst der Philosoph Friedrich Nietzsche sagte einst: „Die Christen müssten mir erlöster aussehen ... wenn ich an ihren Erlöser glauben sollte." Pastor Busch meinte einmal dazu: „Unsere Freude sollte durch alle Knopflöcher strahlen!" Und meine Kollegin Hilda sagt immer wieder einmal: „Die Freude am Herrn ist meine Stärke."

Mit einem sterbenden Mann durfte ich in fast allerletzter Minute noch beten. Als wir da so händehaltend zusammen waren, er in seinem Bett und ich auf einem Stuhl davor, fragte ich ihn: „Ist noch etwas, was dich plagt?" Er schaute mich grinsend an und meinte: „Ja, das Zäpfchen, das sie mir vorhin gegeben haben." Er hatte es kaum ausgesprochen, da mussten alle im Raum sehr lachen. Wir konnten fast nicht mehr damit aufhören. Später fragte ich mich, was wohl jene dachten, die außen an der Tür vorbeiliefen.

So könnte ich noch von vielen Begebenheiten berichten, wo man eher kaum ein Lächeln oder gar ein herzhaftes Lachen vermutet hätte. Sehr oft sah ich auch ein friedvolles Lächeln in so manchem Gesicht eines Sterbenden. Ein Lächeln voller Dankbarkeit für ihr Leben und voller Freude auf den, der eine Wohnung für sie bereitet hat, der sie zu Hause willkommen heißt.

... euer Herz soll sich freuen und eure Freude soll niemand von euch nehmen" – Jesus Christus (Joh 16,22 LUT).

Freut euch im Herrn allezeit! Nochmals will ich es sagen: Freut euch! – Paulus (Phil 4,4 ZB).

Lasst uns zu neuen Taten aufbrechen und den Menschen viel mehr aus unserem Herzen zuflüstern.

Rufen wir es von den Bergen und Dächern, im Kleinen und Großen, die Worte der Liebe, der Versöhnung, des Lobes und der Dankbarkeit.

Lassen wir uns von nichts und niemanden abhalten, den Weg zu gehen, mit der festen Gewissheit, dass Gott an unserer Seite ist und wir nie alleine sind.

Visieren wir fest den Gipfel an und packen wir zusammen, was auf der Tour benötigt wird. Der Aufstieg ist nicht einfach, Gefahren lauern, Niederlagen, Verletzungen und Enttäuschungen werden wohl nicht ausbleiben. Doch wir halten den Gipfel im Blick und gehen weiter, immer weiter. Bis wir es gemeinsam geschafft haben.

Egal, ob wir mit ihm auf dem Wasser gehen oder Berge erklimmen: Er ist da! Sollten wir drohen, unterzugehen oder abzustürzen, so wird seine Hand uns ergreifen. Er selbst wird uns halten und tragen. Ich habe es erlebt!

Kapitel 30

Erledigt

Nun bin ich am Ende dieses Buches angelangt. Es war ein inneres Flüstern bei einem Waldspaziergang, welches mich bewegte, über die Kostbarkeit des Flüsterns zu schreiben. Es dauerte einige Tage, bis ich diesem Drängen nachgab und dann meinem Herzen folgte. Vieles durfte ich neu oder in der Rückschau erleben.

Ich bin unendlich dankbar, dass wunderbare Menschen wieder einmal bereit waren, ihr Herz mit vielen zu teilen – auch persönlich mit dir. Es wird kein Zufall sein, dass du dieses Buch gelesen hast, egal auf welchem Weg es zu dir gekommen ist. Durch welche Verkettungen von Umständen es auch zu dir kam, ER wollte es so. Da bin ich mir absolut sicher!

Wir haben dich an Sterbebetten und in Gefängnisse mitgenommen, und haben dich an unserer Freude, Dankbarkeit und an unseren Tränen teilhaben lassen. Doch in alledem liegt es uns am Herzen, den zu bezeugen, der unsere Freude ist, dem wir auf ewig dankbar sind. Jener, der alle Tränen abwischen wird und sie in einem Krug sammelt, damit keine einzige verloren geht.

Gott wird abwischen alle Tränen von ihren Augen
(Offb 21,4 LUT).

Du weißt, wie oft ich umherirren musste. Sammle meine Tränen in deinen Krug; ich bin sicher, du zählst sie alle!
(Ps 56,9 GNB).

Zum Abschluss möchte ich dir noch eine ganz spezielle Geschichte erzählen, die dazu dienen soll, dich mehr und mehr von allem Druck und jeder Erwartungshaltung zu befreien, damit du frei bist von dem Prinzip Liebe durch Leistung, das letztendlich keine wahre Liebe ist.

Es ist schon ein paar Jährchen her, als mir ein wunderbarer Mann einen tiefen Einblick in sein Herz gewährte. Er hatte, ähnlich wie ich, nicht die Liebe seines Papas bekommen, nach der sich sein Herz sehnte. So unternahm er vieles, um die Sehnsucht seines Herzens zu stillen. Doch sein stetiger Unternehmungstrieb vergrößerte nur den Schmerz und kostete immer mehr Kraft. Selbst als er Christ wurde, wurde er dieses Bestreben, gefallen zu wollen, nicht los. Er wollte sich bei Gott und den Menschen durch Taten Anerkennung verdienen. Nie war etwas ausreichend. Nie fühlte er sich gut genug. So wurde sein Herz immer trauriger und schwerer. Irgendwie hatte er Gott, unseren himmlischen Papa, nicht richtig begreifen oder sogar seine Hand ergreifen können – bis ein Erlebnis sein ganzes Denken und sein Herz umkrempelte.

Bei einem Aufenthalt in Israel fiel ihm ein kleiner Junge auf. Er war wohl etwa ein Jahr alt. Es war ein sehr heißer Tag, und der Junge lief nur mit einer Windel bekleidet im Hof vor seinem Elternhaus herum. Die Windel schien so einiges an Gewicht zu haben.

So sah mein Bekannter dem Kleinen eine Weile zu. Die Gehversuche des Pimpfes waren noch sehr unsicher. Kaum stand er auf und tappte ein paar Schritte, zog ihn die Erdanziehungskraft in Kombination mit der gefüllten Windel auch schon wieder zu Boden.

Auf einmal veränderte sich das ganze Verhalten des Jungen. Er war sichtlich aufgeregt. Ein unbeschreibliches Strahlen erfasste sein Gesichtchen. Ein Auto näherte sich dem kleinen Häuschen. Sein Papa kam und stieg aus dem Auto. Strahlend „rannte" der Kleine seinem Papa entgegen. Ja, was heißt rennen – tappen, stolpern, fallen und wiederaufstehen trifft es eher. Aber dann stand er vor seinem Papa und streckte beide Arme zu ihm hoch, um von ihm gehalten und getragen zu werden. Die Händchen ihm entgegengestreckt, rief er: „Abba, Abba …"

Es muss ein unbeschreibliches Erlebnis gewesen sein. Eigentlich total normal, und doch so wunderbar.

Im der Muttersprache Jesu, dem Aramäischen, beginnt das Vaterunser mit „Papa" oder gar „Papi".

Weil ihr nun Kinder seid, hat Gott den Geist seines Sohnes gesandt in unsere Herzen, der da ruft: Abba, lieber Vater! (Gal 4,6 LUT).

So rannte der Kleine mit vollem Gepäck, unsicheren Schritten und erhobenen Armen seinem Papa entgegen und rief: „Abba, Abba ..."

Und was tat der Papa? Forderte er seinen Sohn auf, erst mal sicher laufen zu lernen? Nein! Bat er ihn, sich erst um die Entsorgung der gefüllten Windel zu kümmern und sich fein zu machen? Nein! Was tat der Papa? Was wohl jeder liebende Papa macht: Er nahm sein Kind mit Freuden in seine Arme und trug ihn lachend ins Haus.

Ab diesem Tag wusste mein Bekannter, wie Gott, der Vater, unser himmlischer Papa, *wirklich* ist – aufgrund dieses einfachen, kleinen Erlebnisses.

Verzeihung für die folgende Wortwahl, aber es braucht die Schatten, um das Licht besser zu sehen: Wie beschissen es dir auch geht; wie sehr die Kacke auch am Dampfen ist; egal, wie oft du auch niedergeschlagen wurdest und dich selbst oder andere beschissen hast; egal, wie oft du gefallen bist und wie oft du verloren und versagt hast – GOTT LIEBT DICH!

Was sagt das über Gott aus? Egal, wie sehr es in unserem Leben stinkt, wie unsicher unsere Schritte auch sein mögen, und wie gewaltig schwer unsere Lasten sind:

Er nimmt uns einfach so an, wie wir sind. Nichts, aber auch gar nichts, kann dich von Gottes Liebe trennen!

Sprich doch einfach mit ihm, er ist da und hört dir zu. Er hört dein Flüstern, und er flüstert dir jetzt in diesem Augenblick zu:

Fürchte dich nicht, ich habe dich erlöst. Ich habe dich bei deinem Namen gerufen, du bist mein ...

... weil du in meinen Augen so wertgeachtet und auch so herrlich bist, weil ich dich liebe ..."

... ich bin bei DIR![1]

Ich spüre, ich habe meinen Auftrag ausgeführt. Möge das Buch so manches Herz berühren. Möge es zum Segen für viele werden und in

---

[1] Vgl. Jesaja 43.

diesen unsicheren Zeiten ein Stück Sicherheit schenken; eine Prise Hoffnung in all den Krisen und Enttäuschungen sein; eine gute Nachricht inmitten von vielen schlechten; ein Funke in dunkler Nacht.

Ich wünsche mir, dass es inmitten des Lärms und des Getöses dieser Welt, des Geschreis, aller Beleidigungen und der Kriegsrhetorik ein liebevolles Flüstern der Liebe Gottes zu uns Menschen wird. Ja, ein geflüsterter Hauch von Liebe, voller Wertschätzung und Zärtlichkeit des Himmels, persönlich für dich.

Herzlichst

„Miggi"

Webseite des Autors: www.protactics-stahl.de

Wahrhaft frei

192 Seiten, Paperback

In diesem Buch geht es um Wahrheit und Freiheit – und um viele Arten von Gefängnissen und Gefangensein. Mehr als 30 Personen berichten, wie sie da hineingeraten sind und was ihnen geholfen hat, wieder herauszukommen und wirklich frei zu werden.

Du lernst Menschen kennen, die viele Jahre ihres Lebens hinter Gittern verbracht haben, aber auch solche, deren Seele in Süchten, Pornografie oder Magersucht etc. gefangen war oder die in einem eingeschränkten Körper leben müssen. Sie alle sind, unabhängig von ihren Umständen, zur wahren Freiheit durchgebrochen und wollen dir Mut machen, selbst frei zu werden.

Michael Stahl / Klaus Hettmer
Geheimsache Männerherz

Stahlhart, zerbrechlich & butterweich

208 Seiten, Paperback

Wie tickt ein Männerherz? Wer hat es erschaffen? Welche Sehnsüchte sind darin verborgen? Welche Verletzungen und Geheimnisse lagern dort seit langer Zeit?

Die Hauptautoren Michael Stahl und Klaus Hettmer wurden fast gleichzeitig von gesundheitlichen Niederschlägen getroffen. Michael Stahl erlitt wenige Monate vor der Arbeit an diesem Buch einen Herzinfarkt; Klaus Hettmer musste sich einige Wochen danach einer sehr schweren Herzoperation unterziehen. Zusammen mit weiteren bekannten Autoren berichten sie über ihre Erfahrungen, um andere Männerherzen zu berühren.

ERlebt

25 wunderbare Geschichten aus meinem Leben; 160 S., Pb.

Michael Stahl ist ein Träger der Gegenwart Gottes. Wohin er auch kommt – ob in Schulen, Familien, Gemeinden, Kinderheime oder ganz alltägliche Situationen –, verändert sich die Atmosphäre zum Guten. In diesem Buch erzählt er 25 dieser Erlebnisse, in denen er für Einzelne und ganze Gruppen zum Vermittler von Liebe, Annahme und Vergebung wurde.

Begleite Michael Stahl und sein Team zu den Menschen, die ohne Hoffnung waren, zu den Sprachlosen, die nun singen. Höre jenen zu, die einst ohne Hoffnung und Trost waren. Setze dich mit ihm an das Bett von Sterbenden, die in letzter Sekunde das Leben fanden. Erlebe, dass ER (Gott) lebt und dich liebt!

53 Männer

Abenteuer zwischen Gazastreifen und See Genezareth

144 Seiten, Paperback

Was für eine liebevolle und verrückte Bande! Das könnte man über die 53 ganz unterschiedlichen Männer, die sich zu einer Israelreise zusammentun, spontan denken. Eine Woche wie die Ölsardinen zusammengepfercht und doch kein böses Wort, sondern Lachen, Ernsthaftigkeit, tiefe Gespräche und Männertränen – ohne Scham!

Begleite diese illustre Schar auf den staubigen Wegen Israels, auf denen einst Jesus Christus unterwegs war. Erfahre mit ihnen die besondere Atmosphäre im Garten Gethsemane, schippere mit ihnen ein Stück über den See Genezareth und wirf mit ihnen einen Blick auf den Gazastreifen.

Erlebe den Frieden, den diese Welt nicht geben kann, den jedoch viele dieser Männer gespürt haben.

Vater-Sehnsucht

120 Seiten, Paperback

Immer mehr Kinder wachsen in dieser Welt ohne Vater auf. Was wird aus diesen Kindern? Der Vater ist der erste Held im Leben eines Kindes. Dieser mächtigste Mensch der Welt kann Wunden schlagen und sie auch heilen.

Michael Stahl, lässt uns an der Entstehung und dem Heilungsprozess seiner eigenen Vaterwunden teilhaben. Und er berichtet, was er erlebt, wenn er in Schulen, Heime, Gefängnisse oder Firmen geht und dort Menschen hilft, sich miteinander zu versöhnen.

Das Buch ist eine Schatzgrube für alle auf der Suche nach Wurzeln, Identität und Wahrheit. **Das Buch ist auch als Hörbuch sowie in Englisch und Russisch erhältlich.**

MutMacherKiste

Aufstehen – Lieben – Kämpfen – Siegen

114 Seiten, Wire-O-Bindung, vollfarbig

Michael Stahl – der MutMacher in Person – hat seine wichtigsten Erfahrungen der letzten Jahre zusammengetragen: viele faszinierende Geschichten über Wunder und Vergebung, die tief berühren.

Der Grafiker Rainer Zilly hat daraus ein kurzweiliges, ästhetisches und praktisches MitMach-Buch gestaltet – eine Fundgrube für alle, die neuen Mut brauchen, anderen Mut machen wollen oder gerne einfach interessante Geschichten und Berichte lesen.

Maja Loretta – Post aus den Wolken

Es ist nicht wichtig, wie lange du lebst, sondern wie du lebst; 80 S., gebunden, vollfarbig

„Post aus den Wolken", so lautete die Überschrift des Abschiedsbriefes von Maja Loretta, die mit sechzehn Jahren an Krebs verstarb. Diesen Brief hatte sie für ihre eigene Trauerfeier verfasst. Maja wollte die Welt verändern. Wer ihr begegnete, wer in ihre Augen sah, wer ihre unbeschreibliche Freude und Dankbarkeit erlebte, dessen Leben wurde schon in wenigen Augenblicken ein Stück zum Guten verändert.

Trotz schweren Leidens und vieler Operationen war sie erfüllt von der Liebe Gottes. Wenn Sie von Jesus Christus sprach und davon, dass sie bald nach Hause gehen würde, spürten die Zuhörer, dass dieses Mädchen von einer Liebe getragen wurde, die nicht von dieser Welt war. Majas Liebe soll weiterleben, nicht nur im Himmel, sondern auch unter uns. Michael Stahl und einige ihrer Freunde haben ihre Geschichte aufgeschrieben.

Michael Stahl / Klaus Hettmer
Deine Sehnsucht nach dem Paradies

192 Seiten, Paperback

Jeder Mensch sehnt sich nach wahrer Liebe, bedingungsloser Annahme und echtem Frieden. Ohne Gott sind wir jedoch der Herrschaft von Lüge, Gewalt und Hass hilflos ausgeliefert.

Gott aber hat von Ewigkeit her einen anderen Plan für uns. Er will uns das verlorene Paradies wieder zugänglich machen. In Jesus Christus hat er den Teufelskreis menschlicher Schuld und Sünde durchbrochen und alles dafür getan, um uns Zukunft und Leben zu geben.

Verbranntes Männerherz

Auf der Suche nach Männlichkeit (Roman)

120 Seiten, Paperback; **auch als Hörbuch erhältlich!**

Joe, der alles hat, was ein moderner Mann haben sollte, zweifelt an sich und seiner Männlichkeit. Auf der Suche nach Sinn begibt er sich auf eine abenteuerliche Reise.

Er begegnet einem mysteriösen Fremden, der ihm alle Fragen beantwortet, die ihn jahrelang gequält haben. Joe fängt an, an Gott zu glauben und ihn zu lieben. Unfassbare, unerklärliche und wunderbare Dinge geschehen. Wagen Sie mit ihm einen Blick in den Himmel.

Daniel Gröber / Michael Stahl

Hunger … beginnt mit einer Sehnsucht

Wie wir Körper und Seele ins Gleichgewicht bringen
128 S., Großformat-Paperback, vollfarbig

Warum essen wir zu viel, wenn unsere Seele hungert? Wie kommen wir davon los und zu einem gesunden Lebensstil?

Mit klaren Worten, aber auch viel Herz geht dieses Buch nicht nur dem Hunger in seiner tieferen Bedeutung auf den Grund, sondern zeigt uns auch den Weg aus der seelischen Wüste – und darüber hinaus, wie wir die Pfunde auf den Rippen wieder loswerden können.

Weitere Bücher von GloryWorld-Medien

Wayne Jacobsen, Geliebt!

Tag für Tag in der Zuneigung des himmlischen Vaters leben
240 S., Paperback

Jeden Tag ein Leben zu führen, in dem wir völlig sicher sind, dass wir bedingungslos von Gott geliebt sind – ist das wirklich möglich, und wie sieht das konkret aus?

Wayne Jacobsen bringt uns Schritt für Schritt nahe, wie tief die Liebe Gottes zu uns tatsächlich ist. Wir entdecken dabei, dass wir nicht zu Sklaven, sondern zu Söhnen und Töchtern berufen sind. Die liebevolle Zuneigung unseres Vaters im Himmel gilt uns in allen Umständen. Wir erfahren eine lebendige Beziehung zu ihm, die uns von der Qual der Scham befreit und uns so verändert, dass wir als seine Kinder leben können.

Christoph Fischer, Der Weg eines Sohnes

Wie die Liebe des Vaters uns in unsere Identität und Berufung hineinführt; 112 Seiten, Pb.

Auf eine authentische, lebensnahe Art nimmt uns Christoph Fischer mit auf seine Reise zu einer innigen Beziehung zu Gott und in seine Berufung hinein. Dabei scheut er sich nicht, die Herausforderungen des Alltags ungeschminkt wiederzugeben und aufzuzeigen, wie wir als Sieger daraus hervorgehen können.

Eine praktische Anleitung, wie wir den Lügen des Teufels hinsichtlich unserer Identität und Berufung widerstehen und die Wahrheit Gottes ergreifen können.

Torben Søndergaard, Der Ruf Jesu

Die Ernte ist reif und groß. Finde Personen des Friedens und mache sie zu Jüngern!; 336 S., Paperback

Anhand der Worte, mit denen Jesus in Lukas 10 die Jünger aussandte, der praktischen Beispiele aus der Apostelgeschichte und vieler seiner eigenen eindrücklichen Erfahrungen, ermutigt uns Torben Søndergaard, uns genauso senden zu lassen, wie die Jünger damals.

Wir erfahren, wie wir die Menschen finden, die wirklich offen sind für den Glauben, wie wir ihnen helfen können, eine echte Wiedergeburt zu erleben und ihr Leben als Jünger zu beginnen, und wie durch sie weitere Menschen in ihrem Umfeld zum Glauben kommen.

Blake K. Healy, Vollkommen gut

Gott mit den Augen seiner Liebe sehen lernen; 184 S., Pb.

Blake Healy sieht Engel und Dämonen seit seiner Kindheit – und zwar so klar wie natürlich sichtbare Dinge.

In diesem Buch lässt er uns daran teilhaben, was er in alltäglichen und speziellen Situationen im Geist sieht, sei es bei einer Gerichtsverhandlung, zu Hause, im Freibad, oder bei einem evangelistischen Einsatz.

Doch schmerzhafter, als im Geist die klaffenden Wunden eines emotionalen Traumas oder dämonische Gebundenheit zu sehen, ist für ihn, wenn die Güte Gottes von seinem Volk nicht in Anspruch genommen wird.

Mit diesem Buch verfolgt er deshalb zwei Ziele: Er möchte anhand von drei Schlüsseln die Gabe des Sehens im Geist in uns aktivieren, und er möchte, dass wir dadurch die Güte Gottes wiederentdecken.

Jonathan Welton, Augen der Ehre

Befreit leben in Reinheit und Gerechtigkeit, 248 S., Pb.

Um ein Leben in Reinheit und Gerechtigkeit zu leben, braucht es keine Übungen zur Verhaltensanpassung, sondern eine korrekte Offenbarung über unsere Identität in Christus.

Im zweiten Teil geht der Autor auf die Bereiche ein, die häufig Fallstricke für jeden darstellen, der nach einer gerechten Lebensführung trachtet. Und zum Schluss stellt er einen völlig anderen Ansatz vor, wie wir unsere Geschwister durch den Glauben betrachten sollten.

Das Buch ist zwar unter dem Aspekt der sexuellen Reinheit für Männer geschrieben, ist aber durch seinen allgemeinen Ansatz eine gute Grundlage für Männer und Frauen, jegliche Art von Versuchung oder Sucht zu überwinden.

Barry & Lori Byrne, Liebe in der Ehe

Eine tiefere geistliche, emotionale und körperliche Einheit erleben; Vorwort von Bill Johnson; 334 S., Klappenbroschur

Gott möchte, dass die Ehe ein Ort echter Liebe und Vertrautheit ist. Dafür brauchen wir die Hilfe des Heiligen Geistes. Mit ihm können wir die Ursachen unserer Konflikte erkennen und überwinden. Unsere Ehe kann Heilung und Wiederherstellung erfahren, egal, wie der momentane Zustand ist.

Mit klarer biblischer Lehre und vielen praktischen Hilfen packen die Autoren die wichtigsten heißen Eisen an. Viele ermutigende Erfahrungsberichte verdeutlichen die dramatische Heilung und Intimität, die mit Gottes Hilfe möglich ist.

Danny Silk, Erziehung mit Liebe und Vision

Herzensbeziehungen eingehen statt Machtkämpfe austragen
Vorwort von Bill Johnson; 170 S., Pb.

Danny Silk fordert uns in unserem bisherigen Denken über Liebe, Disziplin und Respekt, ja in unserer generellen Vorstellung von Kindererziehung heraus. Er stellt eine Denk- und Lebensweise vor, die eine Leichtigkeit und Frieden in unsere familiären und sonstigen Beziehungen bringt.

Unser Herz spielt dabei die zentrale Rolle. Das Herz der Eltern und das Herz der Kinder. Wenn beide Seiten verstehen, wie sich ihr jeweiliges Verhalten auf das Herz des anderen auswirkt, werden die Herzen geschützt und Beziehungen können gedeihen.

Dr. Larry Richards
Die volle Waffenrüstung Gottes

Gut geschützt gegen die Angriffe des Bösen; 208 Seiten, Pb.

Die Bibel macht deutlich, dass ein Großteil unserer Unsicherheiten, Ängste und Zweifel auf den Machenschaften böser Mächte beruhen. Deshalb ist es so entscheidend, dass wir sowohl die Strategien kennen, die Satan benutzt, um uns anzugreifen, als auch die Rüstung, die Gott uns zur Verfügung stellt, um uns dagegen zu schützen.

Eine biblische Dämonologie, Hilfen zum Umgang mit dem Bösen in der Seelsorge sowie Lektionen für „Lebe-frei-Selbsthilfegruppen" runden das Buch ab.

Bestellen Sie im Buchhandel oder direkt beim Verlag:

GloryWorld-Medien | Beit-Sahour-Str. 4 | D-46509 Xanten
Fon: 02801-9854003 | Fax: 02801-9854004 | info@gloryworld.de

Aktuelles, Leseproben, Downloads & Shop: **www.gloryworld.de**